AF197427

Cornelia Funke
Herr der Diebe

Bearbeitet von:
Angelika Lundquist-Mog

Ernst Klett Sprachen
Stuttgart

Wie ist dieses Buch aufgebaut?

Jeweils am Seitenende werden mit Zahlen markierte Wörter erklärt. Zusätzlich gibt es zu jedem Kapitel Übungen zum Leseverstehen ab Seite 114 und dazu Lösungen ab Seite 134. Die Übungen sind mit diesem Symbol gekennzeichnet: Übungen

1. Auflage   7 | 2026

Alle Drucke dieser Auflage sind unverändert und können im Unterricht nebeneinander verwendet werden.
Die letzte Zahl bezeichnet das Jahr des Druckes. Das Werk und seine Teile sind urheberrechtlich geschützt. Jede Nutzung in anderen als den gesetzlich zugelassenen Fällen bedarf der vorherigen schriftlichen Einwilligung des Verlages.

Originalausgabe:
© 2000 Dressler Verlag GmbH, Hamburg
Umschlagbild und Illustrationen: Cornelia Funke

© Ernst Klett Sprachen GmbH, Rotebühlstraße 77, 70178 Stuttgart 2021
Alle Rechte vorbehalten. Die Nutzung der Inhalte für Text- und Data-Mining ist ausdrücklich vorbehalten und daher untersagt.
www.klett-sprachen.de

Textbearbeitung und Didaktisierung: Angelika Lundquist-Mog
Redaktion: Carina Janas, Wortwelt wunderbunt
Reihenkonzept: Sebastian Weber
Layoutkonzeption: Sabine Kaufmann
Illustrationen: Cornelia Funke; Stadtplan von Venedig auf Doppelseite 112/113: Lothar Meier, München
Satz: Satzkasten, Stuttgart
Umschlaggestaltung: Sabine Kaufmann
Titelbild: Cornelia Funke
Druck und Bindung: Salzland Druck GmbH & Co. KG

Printed in Germany
ISBN 978-3-12-674110-1

Für Rolf – und Bob Hoskins, der genau wie Victor aussieht.

Erwachsene erinnern sich nicht daran, wie es war,
ein Kind zu sein.
Auch wenn sie es behaupten.
Sie wissen es nicht mehr. Glaub mir.
Sie haben alles vergessen.
Wie viel größer die Welt ihnen damals erschien.
Dass es Mühe machte, auf einen Stuhl zu klettern.
Wie fühlte es sich an, immer hochzuschauen?
Vergessen.
Sie wissen es nicht mehr.
Du wirst es auch vergessen.
Manchmal reden die Erwachsenen davon, wie schön es war,
ein Kind zu sein.
Sie träumen sogar davon, wieder eins zu sein.
Aber wovon haben sie geträumt, als sie Kinder waren?
Weißt du es?
Ich glaube, sie träumten davon, endlich erwachsen zu sein.

Inhalt

Einleitung 6

1 Kunden für Victor 7
2 Drei Kinder 9
3 Das Sternenversteck 12
4 Der Herr der Diebe 15
5 Barbarossa 17
6 Ein böser Zufall 19
7 Pech für Victor 22
8 Scipios Antwort 22
9 Nachts ist man klein 24
10 Die Nachricht 25
11 Victor wartet 26
12 Treffen im Beichtstuhl 27
13 Ausgehorcht 29
14 Eine böse Ahnung 31
15 Prügel für Victor 32
16 Der Umschlag des Conte 34
17 Die Spur 36
18 Alarm 39
19 In der Falle 40
20 Nächtlicher Besuch 41
21 Ratlos 43
22 Die Casa Spavento 44
23 Wut und Streit 47
24 Der junge Herr Massimo 48
25 Ein Ehrenwort 51
26 Der Einbruch 51
27 Eine alte Geschichte 54
28 Scipio, der Lügner 57
29 Noch ein Besuch 58

30 Armer, kranker Victor 59

31 Vergebliche Lügen 60

32 Ohne Bo 61

33 Die Insel 62

34 Nur ein Zettel 66

35 Vater und Sohn 67

36 Besuch für Victor 68

37 Zuflucht 70

38 Das Waisenhaus 72

39 Prosper 74

40 Alles verloren 75

41 Die Isola Segreta 77

42 Ein Anruf in der Nacht 79

43 In Sicherheit 81

44 Der Conte 82

45 Das Karussell 84

46 Ein paar Runden zu viel 88

47 Barbarossas Strafe 90

48 Fremde Gäste 92

49 Eine verrückte Idee 94

50 Was nun? 97

51 Der Köder 98

52 Esther 100

53 Alles findet sich, oder? 104

54 Und dann … 108

Ein paar Erklärungen 110

Stadtplan von Venedig 112

Übungen zum Leseverstehen 114

Lösungen 134

Einleitung

Das Buch *Herr der Diebe* erschien im Jahr 2000 und machte die Autorin *Cornelia Funke* international bekannt. Ihre erfolgreichen Kinder- und Jugendbücher haben eine Gesamtauflage von 20 Millionen und wurden in 37 Sprachen übersetzt. Viele ihrer Werke wurden verfilmt, so auch »Herr der Diebe«.

Ihre Geschichten sind abenteuerlich und fantastisch, genau wie dieses spannende Buch, das durch den Schauplatz Venedig eine besondere Atmosphäre erhält.

Geboren wurde *Cornelia Funke* 1958 in Dorsten / Westfalen. Sie studierte in Hamburg Pädagogik und anschließend Grafik. Die Arbeit als Illustratorin von Kinderbüchern brachte sie dazu, selbst für Kinder zu schreiben. Lange lebte *Cornelia Funke* in Kalifornien. Ihr Wohnsitz ist ab Herbst 2021 in der Toskana / Italien.

Zu diesem Leseheft

Diese sprachlich vereinfachte und bearbeitete Ausgabe auf dem Sprachniveau B1 richtet sich vor allem an Leserinnen und Leser, deren Muttersprache nicht Deutsch ist. Sprachliche Vereinfachung bedeutet: Diese Ausgabe gibt den Text nicht Wort für Wort wieder. Trotzdem bleibt sie so nah am Text wie möglich und versucht, den Erzählstil von *Cornelia Funke* zu erhalten.

Grundlage für den hier ausgewählten Text ist die Ausgabe des Dressler Verlags.

Jeweils am Seitenende werden die im Text mit Ziffern markierten Wörter und auf den Seiten 110/111 die im Text grau markierten Begriffe erklärt. Der Stadtplan von Venedig (Seiten 112/113) zeigt Orte, an denen dieser Roman spielt. Die Orte sind im Text ebenfalls grau markiert.

Zu jedem der 54 Kapitel gibt es Übungen zum Leseverstehen ab Seite 114 und dazu Lösungen ab Seite 134. Diese unterschiedlichen Übungsformen ermöglichen Leserinnen und Lesern eine selbstständige Kontrolle des Textverstehens.

1 KUNDEN FÜR VICTOR

Es war Herbst in der Stadt des Mondes, als Victor zum ersten Mal von Prosper und Bo hörte. Die Sonne spiegelte sich in den Kanälen[1]. Aber der Wind, der vom Meer kam, war eiskalt.

Das Haus, in dem Victor wohnte und arbeitete, stand nah an einem Kanal. Er klebte gerade seinen neuen, breiten Walrossbart[2] unter die Nase. Die Schritte auf der Treppe hörte Victor erst, als sie vor seiner Tür hielten. Kunden. Musste ihn gerade jetzt jemand stören? Er setzte sich hinter seinen Schreibtisch. Vor der Tür hörte er Stimmen. »Wahrscheinlich bewundern sie mein Schild«, dachte er – ein schwarzes Schild mit goldenen Buchstaben. Darauf stand: *Victor Getz, Detektiv.* Ungeduldig rief er: »*Avanti[3]!*«.

die Flügel

der Löwe

Die Tür ging auf. Ein Mann und eine Frau betraten Victors Büro, das gleichzeitig sein Wohnzimmer war. Voller Misstrauen sahen sie sich um. Ihre Augen wanderten zu den vielen Bärten, Mützen[4] und Hüten, zu dem riesigen Stadtplan an der Wand und zu der Figur auf dem Schreibtisch: ein Löwe mit Flügeln.

»Sprechen Sie Englisch?«, fragte die Frau.

»Selbstverständlich!«, antwortete Victor. »Englisch ist meine Muttersprache.«

Die beiden nahmen Platz, aber die Frau schaute nur auf den falschen Bart. Victor nahm ihn ab. »Was kann ich für Sie tun? Irgendetwas verloren, gestohlen?«, fragte er dann.

Die Frau griff in ihre Handtasche. Sie hatte dunkelblondes Haar, eine spitze Nase und sie schien nicht oft zu lächeln. Der Mann war riesig, mindestens zwei Köpfe größer als Victor.

---

1 **die Kanäle (Sg. der Kanal):** Wasserstraßen; in Venedig für den Verkehr mit Booten
2 **der Walrossbart:** großer, dicker Bart; das Walross: (Tier) lebt im nördlichen Meer, hat lange Eckzähne
3 **avanti:** (italienisch) weiter, vorwärts, voran
4 **die Mützen (Sg. die Mütze):** aus Stoff, Wolle, Leder; wärmt und kleidet den Kopf

»Uns ist etwas verloren gegangen«, sagte die Frau und schob ein
Foto über den Schreibtisch.

Zwei Jungen schauten Victor an, der eine blond und klein, mit
einem breiten Lächeln, der andere älter, ernst, mit dunklem Haar.
Der Größere hatte den Arm um die Schultern des Kleinen gelegt,
als wollte er ihn beschützen[1] – vor allem Bösen in der Welt.

Victor wunderte sich. »Kinder? Sie sind die Ersten, die zu mir
kommen, weil Sie Ihre Kinder verloren haben, Herr und Frau …«

»Hartlieb«, antwortete die Frau. »Esther und Max Hartlieb.«

»Und es sind nicht unsere Kinder«, stellte ihr Mann fest.

Seine Frau erklärte: »Prosper und Bonifazius sind die Söhne meiner
Schwester. Vor drei Monaten ist sie gestorben. Sie hat die Jungen
allein erzogen. Prosper ist gerade zwölf geworden, Bo ist fünf.«

»Ungewöhnliche Namen. Bedeutet Prosper nicht ›der Glückliche‹?«, fragte Victor.

Esther Hartlieb meinte: »Nun, ich finde die Namen seltsam. Meine
Schwester mochte alles Seltsame. Nach ihrem Tod haben mein
Mann und ich das Sorgerecht[2] für Bo beantragt. Wir haben keine
Kinder. Seinen größeren Bruder konnten wir unmöglich auch
noch nehmen. Prosper hat sich furchtbar aufgeregt und gesagt,
dass wir ihm seinen Bruder stehlen! Dabei hätte er doch Bo einmal
im Monat besuchen können!« Sie wurde sehr blass.

»Vor etwas mehr als acht Wochen sind sie aus dem Haus ihres
Großvaters in Hamburg weggelaufen«, erzählte Max Hartlieb.

»Alles weist darauf hin, dass Prosper Bo hierher gebracht hat.«

Victor fragte: »Waren Sie schon bei der Polizei?«

»Natürlich, aber ohne Erfolg.« Frau Hartlieb war wütend.

»Und ich muss dringend zurückfliegen«, sagte ihr Mann. »Herr
Getz, wir möchten Sie bitten, die Jungen zu suchen.«

»Wieso sind Sie so sicher, dass die beiden in Venedig sind?«

Esther Hartlieb bekam schmale Lippen. »Ihre Mutter hat den
Jungen ständig von dieser Stadt erzählt. Dass es hier Löwen mit
Flügeln gibt, eine Kirche aus Gold, und dass auf den Dächern

---

1 **beschützen:** darauf achten, dass einer Person nichts passiert; jemanden schützen
2 **das Sorgerecht:** die Pflicht und das Recht für Kinder zu sorgen

Engel[1] und Drachen[2] stehen. Venedig, Venedig, Venedig! Bo hat nur noch Löwen mit Flügeln gemalt. Wahrscheinlich haben die beiden gedacht, dass das hier ein Märchenland ist!«

Victor studierte seinen Stadtplan mit den vielen Gassen[3] und Kanälen. »Wenigstens gibt es hier keine Autos«, sagte er.

Max Hartlieb wurde ungeduldig: »Herr Getz, nehmen Sie den Auftrag an?«

Victor schaute wieder auf das Foto mit den Jungen. »Ja, ich nehme ihn an. Geben Sie mir Ihre Adresse und Telefonnummer.«

Die Hartliebs verließen das Haus. Victor stand auf seinem Balkon und beobachtete, wie sie über die Brücke gingen. Eine schöne Brücke! Aber das merkte das schlecht gelaunte Ehepaar nicht.

Mehr als fünfzehn Jahre lebte Victor in Venedig, aber er kannte immer noch nicht alle Ecken und Gassen. Niemand tat das. »Es wird nicht leicht sein, die Jungen zu finden«, dachte er.

Dann fütterte Victor seine Schildkröten Lando und Paula und nahm sie mit in die Wohnung, denn der Wind roch nach Winter. »Wo suche ich die Jungen zuerst?«, überlegte Victor. »Bo und Prosper. Schöne Namen, auch wenn sie seltsam sind.«

 Übungen

2 DREI KINDER

Die Hartliebs hatten recht. Prosper und Bo waren wirklich in Venedig. Tage und Nächte waren sie in Zügen gefahren. Sie hatten sich in Toiletten eingeschlossen, sich versteckt, hungrig und eng umarmt geschlafen. Aber sie hatten es geschafft.

Als ihre Tante Esther bei Victor war, standen die beiden nur wenige Schritte entfernt von der Rialtobrücke.

die Rialtobrücke

---

1 **die Engel (Sg. der Engel):** Botschafter Gottes; sehen aus wie Menschen mit Flügeln
2 **die Drachen (Sg. der Drache):** Phantasiefigur, wie Schlangen / Dinosaurier mit Flügeln
3 **die Gassen (Sg. die Gasse):** schmale Straßen zwischen zwei Häuserreihen

Doch sie waren nicht allein. Ein Mädchen stand bei ihnen, schmal, mit einem langen, braunen Zopf[1], der so dünn war wie ein Stachel[2]. Deshalb nannten sie alle Wespe[3].

Wespe schaute auf ihren Einkaufszettel. »Ich glaube, wir haben alles«, sagte sie mit ihrer leisen, rauen[4] Stimme. Die hatte Prosper sofort gemocht, sogar als er noch kein Wort italienisch verstanden hatte. »Nur die Batterien für Moscas Radio fehlen noch.«

Sie schoben sich alle drei durch die vielen Menschen auf dem Markt am Rialto und erreichten ein kleines Elektrogeschäft. Wespe kaufte zwei Batterien und die alte Verkäuferin legte Bonbons auf den Ladentisch. »Was für ein süßer Junge«, fand sie. »Blond wie ein Engel. *Un vero angelo* – ein richtiger Engel!«

Bo holte sich die Bonbons, sagte »*Grazie[5]*!« und lächelte sie an.

Als sie sich wieder durch die Gassen schoben, lachte Prosper: »*Angelo!* Warum denken bloß alle, dass du ein Engel bist?«

Bo streckte ihm die Zunge[6] heraus und rannte voraus. Er fiel hin und landete in einer Gruppe japanischer Touristen. Bevor sie ihn fotografieren konnten, hatte Prosper ihn schon weggezogen.

»Du sollst dich doch nicht fotografieren lassen!«, schimpfte er.

»Tante Esther schaut sich doch keine Fotos von Chinesen an? Und du hast gesagt, dass sie schon ein anderes Kind hat«, sagte Bo.

Prosper nickte[7], aber er hatte Angst, dass Esther irgendwo war und ihm Bo wegnehmen wollte. Darum drehte er sich dauernd um.

»Schau mal, Prop! Ich hab ein Portemonnaie gefunden«, sagte Bo.

»Wo hast du das her, Bo?«, fragte Prosper erschrocken.

»Es ist so einem Typ aus der Hosentasche gefallen.«

Prosper stöhnte[8]. Als sie nach Venedig kamen, musste er lernen zu stehlen, erst etwas zu essen, dann auch Geld. Er hasste es und hatte

---

1 **der Zopf:** Haare, die zusammengebunden oder aus drei Haarteilen geformt sind
2 **der Stachel:** Die Wespe kann mit ihrem Stachel stechen.
3 **die Wespe:** Insekt; der Biene ähnlich, aber sie sammelt keinen Honig
4 **raue Stimme:** klingt wie bei einer Erkältung
5 **grazie:** (italienisch) danke
6 **die Zunge herausstrecken:** den beweglichen Teil im Mund zum Spaß zeigen
7 **nicken:** Zustimmung; man bewegt den Kopf kurz nach unten und hebt ihn wieder
8 **stöhnen:** lang und hörbar ausatmen

so viel Angst dabei. Bo dagegen hatte Spaß daran, für ihn war es ein Spiel. Prosper hatte Bo das Stehlen verboten.

»Reg dich nicht auf, Prop«, sagte Wespe. »Er sagt doch, er hat es nicht gestohlen. Sieh wenigstens mal nach, wie viel drin ist.«

Prosper fand im Portemonnaie nur ein paar Tausend-Lire-Scheine[1]. Wespe war enttäuscht. »Unsere Kasse ist fast leer, hoffentlich kann der Herr der Diebe sie heute Abend wieder füllen[2].«

»Natürlich kann er das!«, rief Bo. »Und ich werde auch ein Dieb!«

»Auf gar keinen Fall!«, regte sich Prosper auf. Er fragte sich ständig, ob es richtig gewesen war, seinen kleinen Bruder mitzunehmen. Als sie in Venedig ankamen, war es nicht mehr warm. Sie hatten nur dünne Kleidung und Prospers Taschengeld war schnell ausgegeben. Schon nach der zweiten Nacht hustete Bo furchtbar. Prosper suchte einen Polizisten, der ihre Tante anrufen sollte, damit sie den kranken Bo abholt. So verzweifelt[3] war er. Aber dann lernten sie Wespe kennen. Sie nahm Bo und Prosper mit ins Versteck. Von da an war Schluss mit Hunger und Stehlen. Scipio, der Herr der Diebe, sorgte für Bo und Prosper, so wie er es für Wespe und ihre Freunde tat, für Riccio und Mosca.

»Die anderen warten bestimmt schon auf uns«, sagte Wespe.

»Genau. Wir müssen auch noch aufräumen«, meinte Bo. »Scipio mag es nicht, wenn das Sternenversteck voller Dreck ist.«

Bo wusste genau, dass sie nur deshalb nicht mehr auf der Straße schlafen, hungern und frieren mussten, weil Scipio für sie sorgte. Dank ihm hatten sie wieder ein Zuhause. Doch er war ein Dieb.

Die Gassen, durch die die drei kamen, wurden enger und stiller. Die Fenster des flachen Hauses, in dem sich ihr Versteck befand, waren vernagelt[4]. Alte Filmplakate klebten an den Mauern und ein breiter Rollladen[5] verschloss die Eingangstür. Darüber hingen

---

1 **Tausend-Lire-Schein (Lira):** italienische Währung vor der Einführung des Euro 2002
2 **füllen:** voll machen
3 **verzweifelt:** ohne Hoffnung sein, keine Lösung sehen
4 **vernagelt:** mit Nägeln und Holz verschließen, z. B. ein Fenster / eine Tür
5 **der Rollladen:** schließt Fenster; man kann ihn hochziehen oder runterlassen

schief große Leuchtbuchstaben[1], aber sie leuchteten schon lange nicht mehr: STELLA – Stern – so hieß das verlassene Kino.

Wespe, Bo und Prosper verschwanden in einem schmalen Gang, ganz nah beim Haupteingang. Sie waren zu Hause.

 Übungen

3 DAS STERNENVERSTECK

Eine Ratte[2] rannte davon, als die Kinder kamen. Der Weg führte zu einem Kanal. Wespe, Prosper und Bo gingen bis zu einer Metalltür. »*Vietato l'ingresso* – Betreten verboten« stand darauf. Früher war das ein Notausgang des Kinos. Jetzt war dahinter ein Versteck, von dem nur sechs Kinder etwas wussten.

Prosper zog zweimal an der Schnur[3] neben der Tür, wartete und zog noch einmal. Das war ihr Zeichen. Es dauerte, bis sich die Tür ein Stück öffnete. »Parole[4]?«, fragte eine misstrauische Stimme.

»Riccio, wir können uns die doch nie merken!«, schimpfte Prosper. »Ja, schon gut.« Riccio öffnete die Tür. Mager war er und viel kleiner als Prosper, obwohl er nicht viel jünger war. Sein braunes Haar stand vom Kopf weg. Deshalb hieß er Riccio – Igel[5].

»Wir haben schon mit dem Aufräumen angefangen«, erzählte Riccio. »Aber Mosca bastelt immer nur an seinem Radio. Und bis vor einer Stunde haben wir vor dem *Palazzo*[6] Pisani gestanden. Warum Scipio sich den ausgesucht hat? Ständig sind dort Feste.«

Prosper und Bo hatte der Herr der Diebe bisher noch nicht geschickt. Meistens beobachteten Riccio und Mosca die Paläste[7], die Scipio nachts besuchen wollte. »Seine Augen« nannte er die zwei, während Wespe dafür zuständig war, dass das Geld vom

---

1 **die Leuchtbuchstaben (Sg. der Leuchtbuchstabe):** Werbung mit großen Lichtbuchstaben; leuchten = helles Licht geben
2 **die Ratte:** größer als eine Maus; lebt an Kanälen
3 **die Schnur:** lang, dünn aus Wolle / Plastik; man kann z. B. eine Klingel daran machen
4 **die Parole:** ein Passwort; man benutzt es, um Zugang zu bekommen
5 **der Igel:** kleines, braunes Tier mit Stacheln; bei Gefahr macht er sich rund wie ein Ball
6 **palazzo:** (italienisch) Palast
7 **die Paläste (Sg. der Palast):** schöne Gebäude in Städten, die wie Schlösser aussehen

Verkauf seiner Beute[1] nicht zu schnell weg war. Prosper und Bo durften nur mitkommen, wenn die Freunde die Beute verkauften oder Einkäufe erledigten. Prosper war das recht. Aber Bo wäre gern mit Scipio mitgegangen zum Stehlen.

»Scipio hat was aus dem Dogenpalast gestohlen und keiner hat ihn gefasst. Weil er der Herr der Diebe ist!«, sagte Bo stolz.

»Ja, der Einbruch in den Dogenpalast.« Wespe grinste Prosper an. »Selbst ihr habt die Geschichte schon hundertmal gehört, oder?«

»Also, ich könnte sie mir tausendmal anhören«, meinte Riccio. Er schob einen dunklen Vorhang[2] auf. Der Kinosaal, der dahinter lag, war nicht sehr alt, aber trotzdem in einem schlechten Zustand. Die Kinder hatten ein paar Lampen gekauft, damit sie ein wenig Licht hatten. Die vordersten drei Sitzreihen standen noch, aber in jeder Reihe fehlten ein paar Sitze. An dem wunderschönen, blauen Vorhang mit den goldenen Sternen, fraßen Motten[3].

Mosca saß auf dem Boden und arbeitete an einem Radio. Er war der Größte und Kräftigste von ihnen. Seine Haut war so dunkel, dass Riccio behauptete, dass keiner ihn im Schatten finden würde.

»Habt ihr die Farbe für mein Boot mitgebracht?«, fragte er.

»Nein. Wir kaufen sie, wenn Scipio neue Beute bringt«, antwortete Wespe. »Im Moment ist sie zu teuer.«

»Aber wir haben doch noch Geld in der Notkasse!«, sagte Mosca.

»Das Geld ist für schlechte Zeiten! *Basta!*« schimpfte Wespe.

»Zu teuer!«, beschwerte sich Mosca. »Wenn ich das Boot nicht bald streiche, ist es kaputt. Für Wespes Bücher ist immer Geld da.«

Wespe antwortete nicht. Sie hatte wirklich viele Bücher. Aber das waren meistens solche, die Touristen weggeworfen hatten. Ihre Matratze[4] war kaum zu sehen, so hoch waren die Büchertürme.

Sie hatten ihren Schlafplatz im hinteren Teil des Kinos und lagen eng zusammen, denn nachts ohne Licht war der große, fensterlose

---

1 **die Beute:** gestohlene Sachen
2 **der Vorhang:** Stoff vor etwas, um es zu verstecken / zu schützen; z.B. vor Fenstern
3 **die Motten (Sg. die Motte):** kleine Insekten, die Löcher in Kleidung fressen
4 **die Matratze:** liegt auf dem Bett oder Boden, sodass man bequem liegt

Saal so schwarz, dass sie sich alle ganz klein und verloren fühlten. Dagegen half nur die Wärme der anderen.

Auf Riccios Matratze lagen überall alte Comichefte und in seinem Schlafsack[1] waren so viele Stofftiere, dass er kaum hineinpasste.

Moscas Bett erkannte man an der Kiste mit Werkzeug und den Angeln[2]. Unter seinem Kissen lag sein Glücksbringer: ein Seepferd aus Metall, wie es sie an den meisten Gondeln[3] gab.

das Seepferd

Prosper und Bo teilten sich eine Matratze und schliefen darauf eng zusammen. Bo lag mit dem Kopf neben seinen Fächern[4] aus Plastik. Er sammelte sie, seit er in Venedig war.

Der Herr der Diebe schlief nie im Sternenversteck. Keiner von ihnen wusste, wo Scipio die Nächte verbrachte. Sie hatten sich daran gewöhnt: Ihr Anführer[5] kam und ging, wie er wollte.

Doch heute wollte er kommen. Und wenn Scipio das ankündigte, dann kam er auch. Wann, wusste man allerdings nie. Als es bald elf Uhr war, legten sich alle unter ihre Decken. Wespe suchte die spannendste Geschichte aus ihren Bücherbergen, während Riccio fünf neue, lange Kerzen in den Kerzenhalter steckte.

»Riccio?«, fragte Wespe. »Wo hast du denn die Kerzen her?«

»Aus der Salute-Kirche«, sagte er verlegen[6]. »Da liegen hunderte rum.« Wespe seufzte[7].

Fast eine Stunde las Wespe vor. Aber irgendwann fielen auch ihr die Augen zu. So schliefen sie alle tief und fest, als Scipio kam.

 Übungen

---

1 **der Schlafsack:** ein warmer Stoffsack, in dem man z. B. beim Camping schläft
2 **die Angeln (Sg. die Angel):** mit einer Angel fängt man Fische
3 **die Gondeln (Sg. die Gondel):** schmale, lange Boote, die typisch für Venedig sind
4 **die Fächer (Sg. der Fächer):** bewegt man in der Hand hin und her, um kühle Luft zu produzieren
5 **der Anführer:** eine Person, die eine Gruppe leitet und für sie entscheidet
6 **verlegen:** ist man, wenn einem die Situation unangenehm ist
7 **seufzen:** lang und hörbar ausatmen; wenn man an etwas Schlimmes denkt

4 DER HERR DER DIEBE

Prosper wachte auf. Jemand kam aus dem Dunkeln wie aus einem bösen Traum. Der Mund leuchtete hell unter der schwarzen Maske[1]. Die lange Nase sah unheimlich aus. Lächelnd zog der Herr der Diebe sich die Maske vom Gesicht.

die Maske

»Hallo, Prop«, er leuchtete mit einer Lampe über die schlafenden Gesichter. »Tut mir leid, dass es so spät geworden ist.«

Scipio band seine schwarzen Haare meistens als Zopf zusammen. Er war kaum älter als Prosper, obwohl er gern den Erwachsenen spielte. Aber auch mit den hochhackigen[2], zu großen schwarzen Stiefeln war er viel kleiner als Mosca. Immer trug der schlanke Junge Stiefel und die schwarze Jacke, die bis zu den Knien ging.

»Weck die anderen!«, befahl[3] Scipio herablassend[4]. Wespe hasste es, wenn er so redete. Prosper beachtete es einfach nicht.

»Mich habt ihr schon geweckt!«, sagte Mosca müde.

Scipio lief wie ein stolzer Hahn durch das Kino, während Mosca und Prosper die anderen weckten.

»Hallo, Scip!« Nur Bo durfte den Herrn der Diebe Scip nennen.

»Hatten wir diesmal alles richtig ausgekundschaftet[5]?«, fragte Riccio und kam zwischen seinen Stofftieren hervor. »Sag schon.«

Scipio warf Riccio eine Zeitung zu. »Seite vier oben.«

»*Einbruch im Palazzo Contarini*«, las Riccio vor. »*Wertvoller Schmuck und Kunstgegenstände gestohlen. Keine Spur von den Tätern!*« Erstaunt[6] fragte er: »Aber wir haben doch den Palazzo Pisani beobachtet.«

»Der Palazzo Pisani kann warten. Im Palazzo Contarini war einiges zu holen.« Scipio hielt den Sack hoch und genoss die gespannten Gesichter. Dann leerte er alles auf den Boden. »Das ist für euch«,

---

1 **die Maske:** trägt man über dem Gesicht z.B. zu Karneval, oder medizinisch zum Schutz
2 **hochhackig:** mit hohen Absätzen am hinteren Teil eines Schuhs wird man größer
3 **befehlen (befahl):** streng einen Auftrag geben, etwas zu tun
4 **herablassend:** jemanden fühlen lassen, dass man etwas Besseres ist; arrogant sein
5 **auskundschaften:** beobachten für jemanden, eruieren
6 **erstaunt sein:** überrascht sein

sagte er. Da lagen silberne[1] Löffel, ein Medaillon[2], eine Lupe[3] mit einer Silberschlange und eine goldene Zange mit Steinchen. »Nun, was sagt ihr? Bin ich der Herr der Diebe?«

Riccio nickte und sogar Wespe war positiv überrascht.

»Wozu braucht man denn das hier?«, fragte Wespe und hielt die Zange hoch. »Ist die für die Haare in den Nasenlöchern?«

Scipio nahm ihr die Zange weg. »Nein, das ist eine Zuckerzange.«

»Woher weißt du so was? Du bist doch auch im Waisenhaus[4] aufgewachsen?«, fragte Riccio.

»Nun, das ist schon lange her«, antwortete Scipio. »Außerdem lese ich nicht nur in Comicheften …«

»Also, ich lese nicht nur Comichefte!«, sagte Wespe. »Trotzdem habe ich noch nie was von einer Zuckerzange gehört.«

Scipio murmelte[5]: »War nicht so gemeint, Riccio. Auf jeden Fall ist das kleine Ding viel wert. Also lasst euch diesmal von Barbarossa einen besseren Preis für die Sachen machen.«

Seit Scipio ihr Anführer war, übernahm er das Stehlen. Ihre Aufgabe war es, seine Beute zu Geld zu machen.

Der Einzige in der Stadt, der Geschäfte mit Kindern machte, war Ernesto Barbarossa. Der dicke Rotbart verkaufte in seinem Antiquitätenladen[6] billiges Zeug an die Touristen und handelte zusätzlich mit wertvollen, meistens gestohlenen Dingen.

»Der fette Typ ist viel zu clever für uns. Wir können alle nicht gut handeln und er nutzt diesen Vorteil für sich«, sagte Mosca.

»Prop kann gut handeln«, sagte Bo plötzlich. »Sehr gut sogar. Früher auf dem Flohmarkt, da hat er immer so ein Steingesicht …«

»Sei still, Bo!«, unterbrach Prosper seinen kleinen Bruder. Es war ihm unangenehm. »Altes Spielzeug verkaufen ist was anderes.«

»Ich wäre froh, wenn du das übernimmst, Prop«, sagte Mosca.

---

1 **silbern:** aus Silber, einem wertvollen Metall z. B. für Schmuck
2 **das Medaillon:** hängt an einer Kette und man kann z. B. ein Foto hineintun
3 **die Lupe:** braucht man, wenn man etwas Kleines größer sehen will, z. B. Schrift
4 **das Waisenhaus:** Heim für Kinder ohne Eltern
5 **murmeln:** mit wenig geöffnetem Mund leise und undeutlich etwas sagen
6 **der Antiquitätenladen:** dort werden alte, wertvolle Dinge und Möbel verkauft

»Ja.« Wespe schüttelte sich. »Wenn der Rotbart mich anschaut, will ich immer nur raus aus dem Laden.«

Prosper murmelte: »Wenn ihr meint. Handeln kann ich wirklich ganz gut. Aber dieser Barbarossa ist ein gerissener[1] Typ.«

»Versuch es!« Scipio sprang auf. »Ich muss los. Morgen komme ich am späten Nachmittag. Wenn der Rotbart weniger als zweihunderttausend Lire bietet, dann nehmt alles wieder mit. Ach ja, Bo, hinter dem Vorhang sind zwei kleine Katzen für dich. Kümmere dich um sie, ja? Gute Nacht allerseits.«

 Übungen

5 BARBAROSSA

Barbarossas Laden lag in einer Gasse nicht weit von der Basilica San Marco, gleich neben einer *Pasticceria*[2], wo Riccio gern und lange die Kuchen im Schaufenster bewunderte. Von außen wirkte Barbarossas Laden wie irgendein Souvenirladen. Im Schaufenster sah man kleine Gondeln, Insekten aus Glas, Masken aus Papier und mehr. Hier konnte jeder etwas finden und Barbarossa konnte alles besorgen – wenn nötig illegal.

Prosper öffnete die Ladentür. Einige Touristen standen zwischen den Regalen. Einer hielt eine kleine Figur in der Hand, die Mosca dem Rotbart verkauft hatte. Als Prosper den Preis sah, erinnerte er sich, was Barbarossa dafür bezahlt hatte. Jetzt waren an der Zahl zwei Nullen mehr. Er drückte auf die Klingel neben der Kasse. Riccio schnitt der maskierten Dame auf einem Bild Grimassen[3]. Das machte er jedes Mal, denn in der Maske gab es ein Guckloch[4], durch das Barbarossa seine Kunden beobachtete.

Und schon erschien der dicke Ernesto Barbarossa. Er hatte zwar keine Haare auf dem Kopf, dafür einen roten Bart.

»Ich hoffe, ihr habt diesmal etwas Besseres für mich!«, sagte er.

---

1 **gerissen sein:** jemand kann alle Vorteile für sich nutzen
2 **pasticceria:** (italienisch) die Konditorei
3 **Grimassen schneiden:** komische, hässliche Gesichter machen
4 **das Guckloch:** ein verstecktes Loch, durch das man heimlich alles beobachten kann

»Ich glaube, Sie werden zufrieden sein!«, antwortete Prosper.

Barbarossa sagte zu den Jungen: »Geht schon mal in mein Büro.«

Sie nickten und gingen hinter den Perlenvorhang[1], der Barbarossas Büro vom Laden trennte. Im Büro gab es kein Fenster, nur einen Schreibtisch, einen Ledersessel, zwei Stühle, ein Regal mit Kisten, ein Plakat vom Accademia-Museum und eine Bank. Auf die stieg Riccio und beobachtete durch das Guckloch, wie der fette Rotbart um die Touristen herumtanzte.

»Also, was bietet ihr mir heute an?«, fragte der Rotbart, als er ins Büro kam.

Prosper leerte seine Tasche auf dem Schreibtisch aus. Barbarossa nahm alles in seine dicken Finger: die Zuckerzange, das Medaillon, die Lupe … Barbarossa sah sich alles sehr lange und sehr genau an. Schließlich fragte er: »Angebot oder Forderung?«

»Angebot«, antwortete Prosper und versuchte so auszusehen, als wüsste er genau, wie viel Scipios Beute wert war.

»Nun, ich muss sagen, diesmal sind ein, zwei nette Sachen dabei. Deshalb biete ich … hunderttausend Lire. Weil ihr es seid.«

Prosper schüttelte den Kopf. »Nein«, sagte er und sah dem Rotbart fest in die Augen. »Fünfhunderttausend, sonst kommen wir nicht ins Geschäft.«

Für einen Moment war Barbarossa wirklich überrascht. Dann sagte er wütend: »Bist du verrückt, Junge?«

Prosper stand auf, ohne etwas zu sagen, öffnete seine Tasche und legte die Beutestücke eins nach dem anderen wieder hinein.

Barbarossa sah ihm ruhig dabei zu. Aber als Prosper nach der Zuckerzange griff, hielt er seine Hand fest. »Schluss jetzt!«, sagte der Rotbart wütend. »Du bist schlau[2]. Ein bisschen zu schlau. Aber der Herr der Diebe und ich haben bisher gute Geschäfte miteinander gemacht. Deshalb zahle ich euch vierhunderttausend. Die Zange gefällt mir. Sagt dem Herrn der Diebe, er soll mir öfter so

---

1 **der Perlenvorhang:** ein Vorhang aus vielen Perlen; aus Perlen macht man Ketten
2 **schlau:** smart, intelligent; kann Vorteile für sich nutzen

etwas anbieten.« Er räusperte sich[1]. »Da ist noch was: Fragt ihn, ob er einen Auftrag annehmen möchte.«

»Einen Auftrag?« Die beiden Jungen sahen sich an.

»Ein Kunde von mir sucht jemanden, der ihm etwas besorgt, das er unbedingt besitzen will. Das ist doch ein Kinderspiel für den Herrn der Diebe, oder?« Barbarossa lächelte spöttisch[2].

Der Rotbart hatte Scipio noch nie gesehen und dachte sicher, dass der Herr der Diebe ein erwachsener Mann war. Riccio machte das keine Sorgen. »Klar, wir fragen ihn«, sagte er.

»Wunderbar.« Barbarossa war zufrieden. »Wenn er den Auftrag übernehmen will, soll er mir einen von euch mit seiner Antwort schicken. Ich mache dann ein Treffen mit meinem Kunden aus. Die Bezahlung ist sicher sehr gut«, sagte Barbarossa.

»Wir richten es aus«, sagte Prosper. »Aber jetzt hätten wir gern unser Geld.«

Barbarossa lachte laut. »Ja, das bekommst du! Aber geht mal raus. Ich öffne meinen Geldschrank nicht, wenn ihr Diebe mir zuseht.«

Kurz darauf kam Barbarossa mit dem Geld. »Gebt mir bald Nachricht!«, rief er ihnen nach.

»Machen wir«, sagte Prosper, obwohl er Scipio nichts von der Sache erzählen wollte.

 Übungen

6 EIN BÖSER ZUFALL

Als sie aus Barbarossas Laden kamen, freute sich Riccio: »Noch nie hat es einer von uns geschafft, von dem Rotbart eine Lira mehr zu bekommen, als er zahlen wollte!«

»Das Geld können wir wirklich gut gebrauchen«, meinte Prosper.

»Du Prop«, begann Riccio, »wenn Scipio den Auftrag nicht will, dann übernehm ich ihn. Ich bin auch kein schlechter Dieb.«

Prosper sagte nur: »Scipio erzählst du nichts vom Auftrag, klar?«

Riccio blieb stehen. »Natürlich erzähl ich es!«

---

1 **sich räuspern:** raues Geräusch; man macht es, wenn etwas im Hals stört
2 **spöttisch:** mit einem Humor, der verletzt und böse ist

Prosper schüttelte den Kopf und ging weiter. Er wusste selbst nicht, warum ihm Barbarossas Angebot nicht gefiel.

Als sich zwei Frauen auf der Gasse stritten, ging er zur Seite. Dabei stieß[1] er mit einem kleinen, kräftigen Mann mit einem breiten Walrossbart zusammen. Der starrte[2] Prosper an, als wäre er ein Gespenst[3].

»Scusi[4]«, murmelte Prosper und rannte in die Menschenmenge.

»He, was rennst du so?« Riccio hielt ihn an der Jacke fest.

Prosper sah sich um. »Da hat mich einer so komisch angestarrt.« Unruhig sah er nach dem Walrossbart, aber er entdeckte ihn nicht.

»Angestarrt? Kam der dir bekannt vor?«, fragte Riccio.

Prosper schüttelte den Kopf, sah sich um und rannte weiter.

»Prop, beruhige dich!«, sagte Riccio.

Prosper wollte Riccio den Mann zeigen und zog ihn in eine Gasse. Riccio wusste, dass hier ein Labyrinth[5] von engen Gassen begann. Es war kein schlechter Weg, um einen Verfolger[6] loszuwerden. Riccio schob seine Zunge zwischen die Zähne. Einen Zahn hatte er bei so einer Verfolgung verloren.

Prosper und Riccio schauten weiter nach dem Walrossbart. Schulkinder kamen vorbei. Und dann erschien der Mann mit dem Bart. Suchend schaute er in alle Richtungen und schimpfte. Die beiden Jungen atmeten kaum. Endlich ging der Typ weiter.

Riccio kannte ihn. »Lass uns verschwinden!«, flüsterte[7] er.

Mit klopfendem Herzen rannte Prosper Riccio hinterher: die enge Gasse hinunter, über einen Platz, eine Brücke und weiter bis sie am Canal Grande, am Großen Kanal standen. Am Ufer waren viele Menschen und

das Vaporetto

---

1 **zusammenstoßen:** wenn zwei Körper oder Dinge mit Kraft zusammentreffen

2 **anstarren:** jemanden lange, mit großen Augen und ohne Augenbewegung anschauen

3 **das Gespenst:** tote Menschen, die ohne Körper weiterleben, z. B. in Märchen

4 **scusi:** (italienisch) Entschuldigung!

5 **das Labyrinth:** System von Wegen, in dem man leicht die Orientierung verlieren kann

6 **der Verfolger:** jemand, der jemandem hinterhergeht und fangen will

7 **flüstern:** sehr leise sprechen

auf dem Wasser viele Boote. Riccio und Prosper versteckten sich an einer Vaporetto-Haltestelle zwischen den Leuten. Die Vaporetti waren die schwimmenden Busse Venedigs.

Als ein Vaporetto kam, ließen sich die Jungen von den Wartenden aufs Boot schieben. Von da aus beobachteten sie das Kanalufer.

»Wir steigen an der nächsten Station wieder aus. Schau mal, wer da hinten steht«, sagte Riccio und winkte.

Prosper entdeckte den Walrossbart. Er starrte dem Boot nach.

»Was soll das?« Erschrocken zog Prosper Riccios Arm herunter.

»He, wir sind ihn los! Der Kerl[1] hat mich schon mal fast erwischt[2]. Wenn dich einer verfolgt, wechselst du einfach die Kanalseite. Es gibt ja nur zwei Brücken über den Canal Grande.«

»Du kennst den Typ?« Zweifelnd sah Prosper ihn an.

»Ja, er ist ein Detektiv. Sucht verlorene Handtaschen und Geldbörsen für Touristen.« Neugierig schaute Riccio Prosper an. »Ich glaube, der Kerl ist hinter dir her. Kennst du jemanden, der einen Detektiv dafür bezahlen würde, dich zu suchen?«

Das Vaporetto kam an die Haltestelle und die beiden stiegen aus.

»Ich glaub, meine Tante sucht uns. Esther, die Schwester unserer Mutter«, antwortete Prosper. »Als unsere Mutter gestorben ist, wollte sie sich Bo holen. Ich sollte auf ein Internat[3] gehen. Da sind wir weggelaufen. Esther hat Bo nicht gefragt, ob er sie als neue Mutter haben will. Er kann sie nicht leiden!«

»Komm, mach dir keine Sorgen! Der findet dich nicht noch mal. Ist doch ganz einfach, wir färben[4] Bos Haare schwarz und dir malen wir das Gesicht an. Dann siehst du aus wie Moscas Bruder.«

Prosper musste lachen. »Wünschst du dir auch manchmal erwachsen zu sein?«, fragte er.

Riccio schüttelte den Kopf. »Nein, ist doch praktisch, klein zu sein. Man fällt nicht auf, wird schneller satt. Scipio sagt immer: ›Kinder

---

1 **der Kerl:** ein Mann, ein Typ
2 **erwischen:** fangen, wenn die Person etwas Illegales gemacht hat
3 **das Internat:** eine Schule, in der Schülerinnen und Schüler wohnen und essen
4 **färben:** mit einem Farbstoff z. B. Haaren eine andere Farbe geben

sind Raupen[1] und Erwachsene sind Schmetterlinge[2]. Und kein
Schmetterling erinnert sich daran, wie es war, eine Raupe zu sein.‹«
»Hm«, murmelte Prop. »Erzähl Bo nichts von dem Detektiv, ja?«
Riccio nickte.

 Übungen

7 PECH FÜR VICTOR

»So was Blödes! Da läuft mir der Junge direkt in die Arme und
ich lasse ihn laufen!« Victor schimpfte laut auf der Straße. »Ich
bin selbst schuld. Kinder fangen! So was macht ein anständiger
Detektiv nicht! Na gut, wenigstens weiß ich jetzt, dass sie in der
Stadt sind«, murmelte er. »Wo der Große ist, ist auch der Kleine.«
In seiner Wohnung fütterte er die Schildkröten und aß selbst etwas.
Dauernd dachte er an die Jungen. Sie sahen ihn die ganze Zeit
von dem Foto aus an, das an der Wand hing. Wo sie nachts wohl
schliefen? Abends war es schrecklich kalt. Aber die Kinder hatten
bestimmt einen Schlafplatz in einem leer stehenden Haus.
»Ich finde sie! Wie heißt es so schön: Jeder, der in Venedig ist,
kommt mindestens einmal am Tag auf den Markusplatz.«

 Übungen

8 SCIPIOS ANTWORT

Als Prosper und Riccio das Sternenversteck endlich erreichten,
erzählten sie erst einmal nichts über den Verfolger. Ihre Verspätung war sowieso vergessen, als Prosper das Geld zeigte. Begeistert hörten alle zu, als Riccio erzählte, wie cool Prosper war, als er
mit Barbarossa gehandelt hatte. Zwei Stunden später klingelte es
am Notausgang und der Herr der Diebe stand vor der Tür. Mosca
fragte nicht nach der Parole und Scipio schimpfte mit ihm. Aber

---

1 **die Raupen (Sg. die Raupe):** Insekt aus dem ein Schmetterling wird; bewegt sich mit
mehreren Beinen
2 **die Schmetterlinge (Sg. der Schmetterling):** Insekt mit farbigen, großen Flügeln

als Bo aufgeregt mit dem Geld zu ihm lief, war Ruhe. Scipio fragte: »Hat Barbarossa irgendetwas besonders gefallen?«

»Ja, die Zuckerzange«, antwortete Riccio. »Er hat gesagt, so etwas sollst du ihm ruhig öfter mal anbieten.«

»Die Zuckerzange«, murmelte Scipio. »Die war wohl wertvoll.« Er schüttelte den Kopf, als wollte er unangenehme Gedanken wegschütteln. Dann wollte er den Erfolg feiern.

»Auf dich, Prop!«, sagte Scipio, als alle mit ihren Gläsern anstießen. »Hiermit ernenne[1] ich dich zu meinem Beuteverkäufer. Allerdings denke ich darüber nach, eine kleine Pause zu machen. Ein Dieb darf niemals gierig[2] werden, sonst erwischt man ihn.«

»O nein, doch nicht jetzt!« Riccio sah Prospers warnenden Blick nicht. »Barbarossa hat uns nämlich etwas Interessantes erzählt. Ein Kunde von ihm sucht einen Dieb. Die Bezahlung soll sehr gut sein und wir sollen dich fragen, ob du Interesse hast.«

Scipio war überrascht. Dann sagte er: »Interessant. Wieso nicht? Und was soll ich stehlen?«

»Keine Ahnung. Viel weiß der Rotbart wohl auch nicht darüber. Auf jeden Fall will er schnell eine Antwort.«

Prosper beobachtete Scipio. Ihm war nicht wohl. Er hatte immer noch dieses Gefühl, dass das Ärger und Gefahr bedeuten würde. Scipio schien seine Gedanken zu erraten. »Was hältst du davon, Prop?«, fragte er.

»Gar nichts«, antwortete Prosper. »Ich traue[3] Barbarossa nicht.«

»Ich bin Prospers Meinung«, sagte Wespe. »Wir haben doch jetzt erst mal genug Geld.«

Nun reagierte Scipio. »Ich nehme den Auftrag an«, sagte er. »Riccio, du gehst morgen zu Barbarossa und teilst ihm meine Antwort mit.«

Riccio nickte und fragte sofort: »Nimmst du uns diesmal mit? Bitte, ich will auch mal ein vornehmes[4] Haus von innen sehen.«

»Ich auch!« Mosca war begeistert.

---

1 **ernennen:** jemandem ein Amt / einen Posten geben
2 **gierig:** wenn man immer mehr von etwas will
3 **trauen:** Vertrauen haben
4 **vornehm:** kultiviert, gebildet; Menschen mit gutem Benehmen

Wespe sah die anderen ärgerlich an. »Scipio hat selbst gesagt, dass er eine Pause machen sollte.« Sie drehte sich zu Scipio um. »Wenn Barbarossa wüsste, dass der Herr der Diebe ihm kaum bis an die Schulter geht, dann hätte er ihn nie gefragt …«

»Ach ja?« Scipio stand auf. »Es bleibt dabei. Richtet Barbarossa aus, dass der Herr der Diebe den Auftrag annimmt. Ich muss jetzt gehen, aber morgen komme ich wieder.«

 Übungen

9 NACHTS IST MAN KLEIN

Mitten in der Nacht stand Prosper auf, nahm eine Taschenlampe[1], zog sich an und ging leise an den Schlafenden vorbei.

Draußen war es kalt. Im Kanal hinter dem Kino spiegelte sich der Mond. Prosper setzte sich auf eine Treppe, die in den Kanal führte. Einmal hatte Bo erklärt, dass Wassermänner[2] und Seejungfrauen[3] die Treppe gebaut hatten. Prosper hatte schon lange kein Heimweh mehr. Hier war jetzt sein Zuhause. Es fühlte sich zwar alles anders an, roch anders und klang anders, aber Venedig hatte Bo und ihn empfangen. Sogar Freunde hatten sie. Er wollte nie wieder weg.

Riccio und er hatten den anderen noch nichts von ihrem Verfolger erzählt. Dieser Detektiv wird das Versteck finden. Alle waren in Gefahr: Mosca, der nicht zu seiner Familie zurückwollte. Riccio, auf den nur das Kinderheim wartete. Wespe, die nichts über ihr früheres Zuhause erzählte. Und was passiert, wenn der Detektiv entdeckt, dass Scipio ein Dieb ist? Prosper stand auf. Die Stufen waren kalt und er fror. Jetzt gleich, während Bo schläft, werde ich den anderen von dem Walrossbart erzählen. Aber was, wenn Scipio ihn und Bo wegschickt? Mit schwerem Herzen ging er zum Kino zurück.

»Wespe, wach auf!« Prosper schüttelte sie ganz leicht an der Schulter, aber Wespe fuhr erschrocken hoch.

---

1 **die Taschenlampe:** kleine Lampe mit Batterie, die man überall mit hin nehmen kann
2 **die Wassermänner (Sg. der Wassermann):** in Geschichten; lebt im Wasser
3 **die Seejungfrauen (Sg. die Seejungfrau):** in Geschichten; halb Frau halb Fisch

»Was ist?«, murmelte sie verschlafen.

»Gar nichts. Ich muss euch nur was sagen.«

»Erzähl es erst mal mir, bevor du alle weckst«, sagte Wespe.

Prosper berichtete von dem Mann, der sie verfolgt hatte, und dass Riccio wusste, dass er ein Detektiv ist, der ihn und Bo finden soll.

»Ein echter Detektiv?« Wespe schüttelte den Kopf. »Ich dachte, die gibt es nur in Büchern und Filmen. Ist Riccio ganz sicher?«

»Ja.« Prosper seufzte. »Meine Tante wartet bestimmt schon darauf, Bo mitzunehmen. Du Wespe, sag Bo bitte nichts. Aber Mosca und Scipio müssen es wissen. Wir kriegen alle Ärger, wenn der Typ uns findet.«

»Der findet uns nicht. Das ist ein gutes Versteck. Das allerbeste! Komm, jetzt schlafen wir erstmal«, sagte Wespe.

Prosper legte sich zu Bo. Aber es dauerte lange, bis er schlief.

 Übungen

10 DIE NACHRICHT

Am nächsten Morgen brachte Riccio Barbarossa die Antwort.

»Er nimmt an? Gut, das wird meinen Kunden freuen«, sagte der Rotbart zufrieden. »Aber Geduld! Ihm eine Nachricht zu senden ist nicht einfach. Dieser Mann hat nicht einmal ein Telefon.«

Erst am dritten Tag hatte der Rotbart endlich eine Nachricht.

»Mein Kunde will euch in der Basilica San Marco treffen«, erklärte Barbarossa. »Der Conte[1] mag Geheimnisse, aber wenn es um Geschäfte geht, gibt es keine Probleme.«

»Der Conte?«, fragte Riccio. »Ist er ein echter Graf[2]?«

»Allerdings. Er stammt aus einer vornehmen Familie, vermutlich Familie Vallaresso. Sprecht ihn einfach mit ›Conte‹ an.«

Riccio fragte: »Und wann sollen wir den Conte treffen?«

»Morgen Nachmittag, pünktlich um drei. Der Conte wartet auf euch im ersten Beichtstuhl[3] auf der linken Seite.«

---

1 **conte:** (italienisch) der Graf; weibliche Form: contessa: die Gräfin
2 **der Graf:** ein offizieller Titel und ein Amt, das die Person vom König erhalten hat
3 **der Beichtstuhl:** in katholischen Kirchen sagt man dort dem Priester seine Sünden

Riccio wollte gehen.

»Moment, nicht so eilig! Richte dem Herrn der Diebe aus, dass der Conte ihn persönlich treffen möchte. Er kann mitbringen, wen er will. Aber er selbst muss auch kommen. Der Conte will sich ein Bild von ihm machen, bevor er etwas über den Auftrag erzählt. Nicht mal mir hat er etwas verraten«, sagte Barbarossa beleidigt.

 Übungen

11 VICTOR WARTET

Victor saß an einem der vielen Tische auf dem Markusplatz und trank seine dritte Tasse Espresso. Seit mehr als einer Stunde saß er da und schaute die Gesichter der Leute an. Diesmal trug Victor keinen Bart, aber eine dicke Brille. Er fand, dass er mit Mütze und Kamera wie ein echter Tourist aussah. Und er konnte ohne Probleme Fotos machen.

Plötzlich entdeckte er sechs Kinder auf der anderen Seite des Platzes. Sie fielen Victor auf, weil sie es eilig hatten und der Junge, dem die anderen folgten, eine dunkle Maske trug. Sie gingen in Richtung Basilika[1]. Ein Mädchen war auch dabei und ein kleiner Junge, aber er war nicht blond. Der mit den stacheligen Haaren kam ihm bekannt vor. Victor suchte einen Tisch in der Nähe der Basilika. »Ja, der Junge mit den Igelhaaren war mit Prosper zusammen gewesen«, dachte Victor. »War der Junge, der seinen Arm um den Kleinen gelegt hatte, Prosper?« Victor schaute sich die beiden durch den Fotoapparat an. »Ja, er ist es, er hat die Haare geschnitten. Und der Kleine? Seine Haare sind so unnatürlich schwarz? Klar!« Victor machte viele Fotos von den Brüdern.

Einmal am Tag kommt jeder in Venedig auf den Markusplatz. Man muss nur Geduld haben. Und Glück. Und gute Augen …

 Übungen

---

1 **die Basilika:** eine besondere Form von Kirche

12 TREFFEN IM BEICHTSTUHL

»Komm weiter! Es ist gleich drei«, bat Prosper. Aber Bo blieb vor der großen Basilika stehen. Immer wenn er auf den Markusplatz kam, schaute er zu den vier riesigen goldenen Pferden hoch. Scipio und die anderen standen schon am Löwenbrunnen[1] vor dem Seiteneingang der Basilika und warteten auf sie.

»Na, endlich!«, sagte Scipio. »Hört zu! Prosper und Mosca kommen mit, ihr anderen drei wartet hier am Brunnen.«

Die drei Jungen fühlten sich in der riesigen, dunklen Basilika sehr klein. Scipio führte sie zum ersten Beichtstuhl auf der linken Seite und schob seine Maske übers Gesicht. Alle Beichtstühle waren Kästen aus dunklem Holz mit dunkelroten Vorhängen und einer Tür. Innen war eine Bank für den Priester[2] und ein kleines Fenster, durch das man mit dem Priester sprechen konnte.

Scipio schob den Vorhang zur Seite. Dann kniete er sich unten auf die Bank, sodass das kleine Fenster in Augenhöhe war. Prosper und Mosca stellten sich hinter ihn.

Da zog auch schon jemand den Vorhang vor dem Fenster zurück. Man sah nur Brillengläser. Das wenige Licht spiegelte sich darin.

»In einer Kirche sollte man keine Maske tragen«, sagte die raue Stimme eines sehr alten Mannes.

»In einem Beichtstuhl sollte man auch nicht über das Stehlen sprechen«, antwortete Scipio. »Und das wollen wir doch, oder?«

Prosper hörte ein leises Lachen. »Du bist also wirklich der Herr der Diebe«, sagte der Fremde leise. »Nun gut, behalte die Maske auf. Ich sehe auch so, dass du sehr jung bist.«

»Allerdings. Und Sie sind sehr alt, wie ich an Ihrer Stimme hören kann. Ist das Alter bei unserem Geschäft wichtig?«

»Überhaupt nicht«, antwortete der alte Mann leise.

Der Conte räusperte sich. »Du weißt, ich brauche jemanden, der mir etwas besorgt, das ich schon jahrelang suche. Leider besitzt jetzt eine Fremde diesen Gegenstand.« Der Alte kam nah ans

---

1 **der Löwenbrunnen:** ein Kunstwerk mit viel Wasser und Löwenfiguren
2 **der Priester:** hat ein religiöses Amt in der Kirche; vermittelt zwischen Gott und Mensch

Fenster. »Du bist sicherlich schon in eins der vornehmen Häuser Venedigs eingebrochen und man hat dich dabei nicht erwischt?«

»Genau, ich bin noch nie erwischt worden«, sagte Scipio stolz.

»Gut, dann sind wir im Geschäft. Das Haus, das du für mich besuchen sollst, gehört einer *Signora*[1] Ida Spavento. Es ist kein besonderes Haus, hat aber einen kleinen Garten. Ich lasse hier einen Briefumschlag liegen, in dem du alle Informationen findest: einen Grundriss[2] des Hauses, ein paar Erklärungen zu dem Gegenstand, den du mir besorgen sollst, sowie ein Foto von ihm.«

»Sehr gut.« Scipio nickte. »Dann sollten wir jetzt über die Bezahlung sprechen.«

Der Conte lachte. »Ein echter Geschäftsmann! Euer Lohn beträgt fünf Millionen Lire. Ich zahle, sobald ihr mir die Beute gebt.«

Nach einer Weile sagte Scipio: »Fünf Millionen. Das ist fair.«

»Du wirst sehen, dass das, was du stehlen sollst, nur für mich wertvoll ist. Also, sind wir uns einig?«

Scipio holte tief Luft. »Ja«, antwortete er. »Wir sind uns einig. Wann sollen wir die Beute an Sie weitergeben?«

»So schnell es geht. Ich bin ein alter Mann. Ich habe nur noch den Wunsch, das in Händen zu halten, was du für mich stehlen sollst.«

»Was ist das, nach dem er sich so sehr sehnt[3]?«, dachte Prosper.

»Wie soll ich mich nach meinem Erfolg melden?«, fragte Scipio.

»Du wirst alles, was du brauchst, in diesem Beichtstuhl finden. Wenn ich gleich gehe, zählt bitte bis fünfzig, bevor ihr holt, was hier für euch liegt. Auch ich behalte gern mein Geheimnis. Gebt mir Nachricht von eurem Erfolg und ihr findet am nächsten Tag bei Barbarossa meine Antwort, in der ich euch mitteile, wann wir die Beute gegen euren Lohn tauschen. Den Ort sage ich dir schon jetzt. Barbarossa öffnet nämlich gern fremde Briefe. Merk es dir: Wir treffen uns an der Sacca della Misericordia. Wo genau in der Bucht[4], wirst du noch erfahren. Viel Glück, Herr der Diebe.«

---

1 **signora:** (italienisch) Frau
2 **der Grundriss:** Zeichnung von Räumen, Fenstern, Türen … in einem Haus; Blick von oben auf die Räume
3 **sehnen:** sich etwas sehr wünschen, das man im Moment nicht haben kann
4 **die Bucht:** da, wo an der Küste das Meer, wie ein halber Kreis ins Land hineingeht

Der Conte zog den Vorhang zu. Eine Touristengruppe kam vorbei. »Neunundvierzig, fünfzig!«, sagte Mosca, als die Gruppe weg war. Vorsichtig gingen sie aus dem Beichtstuhl heraus. Prosper öffnete die Tür. Er fand den Briefumschlag und einen Korb[1] mit Deckel[2]. Als er ihn hochhob, bewegte sich etwas darin. Fast hätte er ihn vor Schreck fallen lassen. Scipio öffnete den Deckel ein bisschen und machte den Korb schnell wieder zu. »Es ist eine Taube.«

 Übungen

13 AUSGEHORCHT[3]

»Was wollen die in der Basilika?«, dachte Victor. Er schaute zum Löwenbrunnen hinüber. »Jetzt hole ich mir erst einmal ein paar Informationen«, murmelte er, zog die Mütze ins Gesicht und ging auf den Platz, sodass Bo ihn vom Löwenbrunnen aus sehen konnte. Dann kaufte Victor eine Tüte Taubenfutter[4], griff hinein und stellte sich so hin, dass die Arme weit vom Körper weg waren.
»Putt, puttputtputt!«, machte er. Es kamen viele Tauben. Sie schlugen mit den Flügeln, setzten sich auf Victors Schultern, seine Arme und sogar auf seinen Kopf, wo sie an der Mütze pickten[5].
Victor schaute zu den Kindern. Der Igelkopf saß schlecht gelaunt herum. Das Mädchen las ein Buch. Und Bo langweilte sich.
Endlich sah Bo Victor mit den Tauben, ging langsam auf ihn zu und stellte sich vor ihn hin. Als die Taube auf Victors Kopf an den Gläsern seiner Brille pickte, lachte Bo.
»*Buon giorno*«, sagte Victor. Er bewegte sich. Das Tier flog weg. Bo fragte: »Tun die Krallen[6] weh?«

---

1 **der Korb:** nimmt man zum Einkaufen; hat einen Griff; meist aus pflanzlichem Material
2 **der Deckel:** oben auf einem Topf; hier auf dem Korb, man kann ihn abnehmen
3 **aushorchen:** ausfragen, ohne dass die befragte Person es merken soll
4 **das Taubenfutter:** Essen für Tauben = Vögel, die in Städten leben; manche werden trainiert, um Briefe zu transportieren
5 **picken:** Vögel fressen mit dem Schnabel, indem sie ihr Fressen aufpicken
6 **die Krallen (Sg. die Kralle):** die Nägel an den Füßen von Tieren

»Ach, so schlimm ist das nicht. Ich mag es, wenn sie um mich herumfliegen«, log er. »Ich stelle mir dann vor, dass ich selbst bis zu den goldenen Pferden da oben fliege.«

»Ja. Die sind toll, nicht?«

Victor gab Bo Futter in die Hand. Vorsichtig streckte Bo den Arm aus und erschrak, als eine Taube sich drauf setzte. Aber als sie anfing, Futter zu picken, lachte er.

»Wie heißt du?«, fragte Victor.

»Ich heiß Bo. Und du?«

»Victor« Sofort ärgerte er sich, dass er seinen echten Namen gesagt hatte! Schnell fragte er: »Wo sind deine Eltern?«

»Mein Bruder und meine Freunde sind hier«, antwortete Bo.

Victor sah, dass das Mädchen am Brunnen nach Bo suchte und unterbrach den Jungen: »Sind das deine Freunde, da am Brunnen? Das Mädchen sucht dich. Wink ihr mal, sie macht sich sonst Sorgen.«

»Das ist Wespe.« Bo winkte ihr zu. Beruhigt setzte Wespe sich wieder. Aber jetzt beobachtete sie Bo. Victor fütterte wieder die Tauben. So war er nicht verdächtig. »Ich wohne in einem Hotel am Canal Grande«, sagte er. »Und du?«

»In einem Kino«, antwortete Bo.

»In einem Kino? Da kannst du dir ja Filme ansehen«, sagte Victor.

»Nein, das geht nicht. Der Projektor[1] ist weg, sagt Mosca.«

»Mosca? Auch ein Freund? Wohnst du mit deinen Freunden zusammen?«, fragte Victor Bo aus.

»Ja, wir wohnen alle zusammen.« Bo nickte stolz.

Victor schaute zum Brunnen. Die drei waren zurück. Der Maskierte[2] trug einen Korb und Prosper schaute zu ihm herüber.

»Er kann mich nicht erkennen«, dachte Victor, aber wohl fühlte er sich nicht. »Ich muss los, Bo!«, sagte er schnell, während Prosper misstrauisch auf sie zuging. »War nett, mit dir zu reden. Ich mach schnell noch ein Foto von dir. Zur Erinnerung, ja?«

Bo lächelte. Er hatte immer noch eine Taube auf der Hand. Prosper lief schneller, als Victor die Kamera hob. Er rannte fast.

---

1 **der Projektor:** Gerät, mit dem man Filme vergrößert zeigen kann
2 **der Maskierte:** jemand, der eine Maske trägt

Victor machte zwei Fotos. »Danke, Kleiner«, sagte er und verschwand in einer Reisegruppe, die über den Platz ging. Schon war er unsichtbar. Schnell nahm er seine Mütze und die Brille ab, und holte einen kleinen Bart und eine Sonnenbrille heraus. Dann ging Victor zurück zu der Stelle, wo die beiden Jungen immer noch mit den Tauben beschäftigt waren. Er lief zwischen fünf dicken Damen. »Ihr werdet mich nicht mehr los«, dachte er. Prosper redete ernst mit Bo und zog ihn dann mit sich. Er sah sich immer wieder um. Der Junge ist misstrauisch. »Also Vorsicht!«, sagte Victor zu sich selbst und folgte den beiden. Hinter einer Gruppe Japaner drehte er seine Jacke von innen nach außen. Jetzt war sie grau. Victor sah, dass alle sechs Kinder zusammen waren. Er folgte ihnen und hoffte, bald zu wissen, wo das Versteck war.

 Übungen

14 EINE BÖSE AHNUNG

»Kannst du nicht einmal das tun, was man dir sagt, Bo?«, schimpfte Scipio, als Prosper mit Bo zurückkam.

»Ihr wart so lange weg! Ich hab mich gelangweilt«, murmelte Bo.

»Ich hab nach ihm geschaut«, sagte Wespe. »Reg dich nicht auf.«

»Was ist in dem Korb?« Bo schob die Finger unter den Deckel.

»Eine Brieftaube. Also lass die Finger davon. Und kommt jetzt, lasst uns schnell zum Versteck gehen«, sagte Scipio ungeduldig. Prosper schaute immer wieder über die Schulter. »Scipio, der Kerl da auf dem Platz, der mit Bo geredet hat, das war der Detektiv.«

»Was für ein Detektiv?«, unterbrach Bo seinen Bruder.

Prosper schaute ihn traurig an. Sie kamen an eine Brücke. Scipio musterte[1] die Leute, die hinter ihnen die Stufen hochkamen. Aber Bo lief sofort zu den Gondeln. Prosper rannte seinem Bruder hinterher und zog ihn in die nächste Gasse.

»He, wartet!«, rief Scipio und rannte den beiden nach. Er schob die zwei in einen Souvenirladen. Die anderen kamen hinterher.

---

1 **mustern:** genau / kritisch prüfend ansehen

»Tut so, als ob ihr euch was anschaut!«, flüsterte Scipio. »Wenn
der Kerl dieser Detektiv ist, dann nützt es nichts, davonzulaufen.«
Scipio fragte Bo: »Was hat dieser Taubenmann dich gefragt?«
»Er wollte wissen, wie ich heiße. Ich hab's gesagt«, antwortete Bo.
»Und ich weiß auch, wie er heißt: Victor.«
»Was hast du ihm noch erzählt, Bo?«, flüsterte Wespe.
»Ich weiß nicht«, murmelte Bo. »Kommt der Detektiv von Esther?«
Seine Unterlippe zitterte[1].
Scipio seufzte und sah Prosper an. »Wie sieht der Detektiv aus?«
»Das ist es ja!«, sagte Prosper. »Er sah diesmal ganz anders aus!
Ich hab ihn nur erkannt, weil er die Schultern so seltsam bewegt.«
Scipio zog seine Jacke aus, machte den Zopf auf und setzte sich
Moscas Mütze auf. »Es ist nicht schwer, anders auszusehen«, sagte
er und warf Prosper seine Jacke zu. »Du bleibst mit Bo hier. Falls
dieser Detektiv hinter euch her ist, wartet er, bis ihr wieder raus-
kommt. Stellt euch so ans Fenster, dass er euch sehen kann. Mosca,
bring die Taube und den Umschlag ins Versteck. Riccio, Wespe,
wir sehen uns da draußen um, vielleicht entdecken wir den Kerl ja.
Was hatte er an?«
Prosper überlegte: »Rote Jacke, Brille, Kamera, Mütze …«
»… und eine Uhr«, sagte Bo, »da war ein Mond drauf.«
»Gut. Los geht's!«, forderte Scipio seine Freunde auf.
Einer nach dem andern gingen die vier nach draußen.
»Victor war aber nett«, murmelte Bo.
»Man merkt nicht gleich, ob jemand wirklich nett ist«, erklärte
Prosper. »Wie oft muss ich dir das noch sagen?«

 Übungen

15 PRÜGEL[2] FÜR VICTOR

Victor entfernte sich von dem Laden, in dem die Kinder waren.
Aber er konnte ihr Spiegelbild in einer Glasscheibe beobachteten.

---

1 **zittern:** sich in ganz kleinen Bewegungen hin- und herbewegen, z. B. bei Angst, Kälte
2 **die Prügel:** wenn einen jemand schlägt, bekommt man Prügel

Victor sah Wespe aus dem Laden kommen. Sie ging zu den Gondeln. Dann verließ der schwarze Junge das Geschäft mit einem Korb und lief in die andere Richtung. »Warum trennten sie sich? – Egal, Bo und Prosper sind noch im Laden«, dachte Victor. Als Nächster ging der Igelkopf zu der Pasticceria. Victor sah in der Scheibe, dass noch jemand aus dem Laden kam. »Wer fehlte denn? Der Maskierte? Aber der sah doch ganz anders aus.«

Der Junge ging zu den Gondeln hinüber.

»*Scusi!*«, sagte plötzlich eine Stimme hinter ihm.

Victor drehte sich erschrocken um. Der Junge, der gerade noch bei den Gondeln war, stand vor ihm und grinste ihn an. Er hatte ein schmales Gesicht und sehr dunkle Augen. War das der Maskierte?

»Können Sie mir sagen, wie spät es ist?«, fragte der Junge.

Victor schaute auf seine Uhr. »Sechzehn Uhr dreizehn«, sagte er.

Der Junge nickte. »Danke. Schöne Uhr haben Sie da. Zeigt die auch, wie spät es gerade auf dem Mond ist?«

»Was hat der vor?«, dachte Victor. Schnell schaute er zu dem Souvenirladen. Prosper und Bo standen noch hinter der Scheibe. Das Mädchen ging wieder zurück in den Laden. Wo waren der Igel und der Junge mit den schwarzen Augen?

Da sah er, wie die drei lachend und flüsternd mit Prosper und Bo in ihrer Mitte aus dem Souvenirladen kamen.

Victor fiel es schwer, sie zu verfolgen, denn sie waren klein und schnell. Alles war gut, bis diese dicken alten Frauen aus einem Café kamen und die Gasse verstopften[1]. Victor schob sich an ihnen vorbei – und stieß mit dieser Wespe zusammen.

Sie schaute ihn voller Hass an. Plötzlich ließ sie sich gegen ihn fallen, schlug ihn mit ihren Fäusten[2] und schrie mit lauter Stimme: »Lassen Sie mich los! Nein, ich will nicht mit Ihnen mitkommen!«

Victor war so erstaunt, dass er nur dastand. Er versuchte sie wegzuschieben, aber sie hielt ihn fest und schlug gegen seine Brust. Die Leute starrten ihn und das kreischende[3] Mädchen an.

---

1 **verstopfen:** man oder etwas kann nicht durchgehen
2 **die Fäuste (Sg. die Faust):** die Hand zu einem Ball zusammen machen
3 **kreischend:** sehr laut mit hoher Stimme schreien

»Ich hab gar nichts gemacht!«, rief Victor. Ein Hund kam auf ihn zu und die anderen Kinder verschwanden in eine Gasse.

»Halt!«, schrie Victor. Er versuchte noch einmal, das Mädchen wegzuschieben, aber plötzlich schlugen die dicken alten Frauen ihm wütend ihre riesigen Handtaschen auf den Kopf. Victor schrie sie an, hielt die Arme über den Kopf und das Mädchen kreischte weiter. Als Victor in die Knie ging, kam ein *Carabiniere*[1] und zog ihn hoch. Alle wollten erklären, was der Grund für das Durcheinander war. Da merkte Victor, dass das Mädchen verschwunden war. Ebenso wie ihre Freunde.

 Übungen

16 DER UMSCHLAG DES CONTE

»Dem haben wir es gezeigt!«, sagte Wespe, als alle im Versteck waren. Ihr Gesicht war leicht verletzt, aber sie lächelte.

»Seht mal, was ich habe!« Stolz warf sie Prosper Victors Portemonnaie zu. »Vielleicht erfährst du so was über den Kerl.«

»Danke«, murmelte Prosper. Er fand Victors Detektivausweis.

»Was schaust du so?«, sagte der Herr der Diebe. »Wir sind ihm doch entwischt. Lass uns sehen, was in dem Umschlag steckt, ja?«

Prosper nickte und Scipio öffnete den Umschlag. Er zog ein Foto und ein Blatt Papier heraus. Die anderen beobachteten ihn stumm.

»Mach es nicht so spannend. Lies endlich vor«, sagte Mosca.

Scipio lächelte. »Das Haus, das ich besuchen soll, liegt am Campo Santa Margherita. Das ist der Grundriss. Wollt ihr den sehen?«

»Nun gib schon her!«, sagte Wespe. Sie schaute kurz drauf und gab ihn Mosca. Scipio musterte ratlos[2] das Foto. »Sieht aus wie ein Flügel!«, murmelte er. »Was denkt ihr?«

»Ja, es ist ein Flügel aus Holz«, stellte Prosper fest.

Scipio starrte das Foto an. »Und dafür fünf Millionen Lire?«

»Wie viel?«, fragten Wespe und Riccio fast gleichzeitig.

Scipio fand noch eine kleine Karte, von beiden Seiten beschrieben.

---

1 **carabiniere:** (italienisch) Polizist; carabinieri: die Polizei
2 **ratlos:** man weiß keinen Rat, nicht was das bedeutet und was man machen soll

»*Der Flügel auf dem Foto*«, las Scipio vor, »*ist das Gegenstück*[1] *des Flügels, den ich suche. Sie sehen also fast gleich aus.*«

Scipio hob enttäuscht den Kopf. Der Herr der Diebe hatte nicht erwartet, dass das, was er stehlen sollte, ein Stück altes Holz war.

»Vielleicht gehört der zu einem wertvollen Engel«, meinte Wespe.

Mosca schüttelte den Kopf und sah auf das Foto. »Das da im Hintergrund[2] sieht aus wie ein Holzpferd …«

Scipio drehte die Karte um und las vor: »*Die Wohnräume der Casa*[3] *Spavento liegen im ersten Stock. Dort wird vermutlich auch der Flügel sein. Beeilen Sie sich, mein Freund! Ich warte auf Ihre Nachricht mit großer Ungeduld. Füttern Sie Sofia, die Brieftaube, und lassen Sie sie ab und zu in Ihrem Haus fliegen.*«

Wespe sagte: »Mir gefällt das nicht, zu viele Heimlichkeiten!«

»Der Conte ist ganz verrückt nach diesem Flügel«, murmelte Scipio. »Da geht es nicht nur um Geld oder eine wertvolle Figur …«

Scipio gab Wespe Karte, Foto und Grundriss. »Bring das in unser Geldversteck! Ich muss los und bin dann drei Tage nicht in der Stadt. Ihr kundschaftet schon mal das Haus aus. Wir müssen alles wissen: Wer kommt und geht? Welche Gewohnheiten haben die Bewohner? Wann ist das Haus leer? Wo kommt man rein? Und überprüft, ob die Türen auf dem Grundriss stimmen.« Scipio schob sich die Maske übers Gesicht. Riccio stellte sich ihm in den Weg. »Können wir dir bei dem Auftrag helfen? Ich meine auch beim Stehlen?«, fragte er.

Scipio schwieg zunächst. Dann sagte er: »In Ordnung!«

Riccio war so erstaunt, dass er ihn mit offenem Mund anstarrte.

»Warum nicht?«, fuhr Scipio fort. »Wir stehlen ihn zusammen! Natürlich nur die, die mitmachen wollen.« Er schaute Prosper an.

»Ich mach auf jeden Fall mit!«, rief Bo begeistert.

»Bo, hör auf!« Prospers Stimme klang so scharf, dass Bo erschrak.

---

1 **das Gegenstück:** passt / gehört zusammen; entspricht dem anderen Teil
2 **der Hintergrund:** weiter hinten, nicht vorn zu sehen; ist weiter weg von der Person, die das Bild ansieht
3 **casa:** (italienisch) Haus

»Ich mache nicht mit, Scip«, sagte Prosper. »Ich kann das nicht und muss auch auf Bo aufpassen. Das verstehst du doch, oder?«

Scipio nickte. »Klar«, sagte er, aber es klang enttäuscht.

»Noch was«, sagte Prosper. »Ich habe eine Visitenkarte von meiner Tante im Portemonnaie gefunden. Jetzt ist es sicher, er sucht uns. Er heißt Victor Getz und wohnt drüben in San Polo.«

»Blödsinn[1]! Er wohnt in einem Hotel am Canal Grande«, behauptete Bo. »Und ich komm mit, den Flügel stehlen. Du kannst nicht alles bestimmen. Du bist nicht meine Mutter!«

Wespe legte ihre Hände auf Bos Schultern. »Prosper hat recht. Das ist gefährlich. Ich weiß auch noch nicht, ob ich mitmache. Wieso denkst du, dass der Detektiv am Canal Grande wohnt?«, fragte sie.

»Hat er gesagt.« Bo schob Wespe weg. »Ihr seid so gemein[2]!«

Prosper sah Bo an. »Hast du Victor vom Sternenversteck erzählt?«

Bo schaute weg und sagte: »Nein, ich bin doch nicht blöd.«

Erleichtert sah Prosper sich zu den anderen um.

»Komm, Bo«, sagte Wespe. »Hilf mir mal beim Nudelkochen.«

Er folgte ihr, aber den anderen streckte er noch die Zunge raus.

 Übungen

17 DIE SPUR

Drei Tage tat Victors Kopf weh. Aber schlimmer war, dass die Kinder ihn ausgetrickst[3] hatten. Wie einen Verbrecher hatten die Carabinieri ihn behandelt. Und sein Portemonnaie mit dem Detektivausweis fehlte. Victor wollte nur noch eins: Die Kinder finden.

Was hatte Bo gesagt? »Wir wohnen in einem Kino.«

Victors Schildkröten standen unter seinem Schreibtisch. Auf dem Balkon war es viel zu kalt und Paula hatte wirklich Schnupfen.

Was hatte Bo von dem Kino erzählt? Dass der Projektor weg war? Es war also ein Kino, das geschlossen und außer Betrieb war. Victor rief alle Kinos an. Beim FANTASIA ging niemand ans Telefon und

---

1 **der Blödsinn:** dumme Idee; etwas stimmt nicht / ist falsch
2 **gemein sein:** böse, unfair sein
3 **austricksen:** mit einem Trick zu seinem Ziel kommen

beim STELLA stand im Telefonbuch keine Adresse. Also brachte Victor Paula im Pappkarton[1] zum Tierarzt und ging danach zum Kino FANTASIA.

Victor fragte die Kartenverkäuferin nach der Adresse des Kinos STELLA. Die kannte sie nicht, wusste aber, dass es geschlossen war. Sie sagte, dass der Besitzer vom FANTASIA und STELLA Dottor Massimo heißt. Seine Telefonnummer hatte sie auch. Victor suchte ein öffentliches Telefon. Der Akku vom Handy war leer.

»*Pronto*[2]«, sagte eine tiefe Stimme am Telefon.

»Spreche ich mit Dottor Massimo, dem Besitzer des alten STELLA-Kinos?«, fragte Victor.

»Ja«, sagte der. »Interesse am Kino? Dann kommen Sie vorbei. Fondamenta Bollani 233. Ich hab noch eine halbe Stunde Zeit.«

»Klack[3]!« machte es in Victors Ohr. Er starrte den Telefonhörer an.

»Das ist ja ein ganz Schneller!«, dachte Victor.

Das schönste und größte Haus an der Fondamenta Bollani war das von Dottor Massimo. Ein Dienstmädchen[4] führte Victor durch einen Innenhof mit Brunnen zu einer breiten Treppe. Im ersten Stock folgte er ihr, bis sie endlich an einer hohen Tür klopfte.

»Ja, bitte?«, rief die tiefe Stimme, die Victor vom Telefon kannte. Dottor Massimo saß an seinem riesigen Schreibtisch und empfing ihn mit einem kühlen Blick.

Mit seinem Schildkrötenkarton und den alten Schuhen passte Victor nicht hierher. »Guten Tag, *dottore*«, sagte er. »Victor Getz. Wir haben gerade telefoniert. Leider konnte ich Ihnen nicht erklären, dass ich Ihr altes Kino nicht kaufen möchte, sondern ...«

Bevor Victor weitersprechen konnte, öffnete sich hinter ihm die Tür. »Vater«, sagte eine Jungenstimme. »Die Katze ist krank ...«

»Scipio!«, sagte Dottor Massimo ärgerlich. »Ich habe Besuch. Du sollst anklopfen! Wenn die Herren aus Rom nun schon da wären?«

---

1 **der Pappkarton:** wie ein Paket aus Pappe, einem sehr dicken Papier
2 **pronto:** (italienisch) bereit, fertig; Begrüßungsformel am Telefon
3 **Klack:** Geräusch, wenn jemand das Telefon am anderen Ende auflegt
4 **das Dienstmädchen:** Angestellte in einem Haushalt

Victor drehte sich um und sah in ein Paar erschrockene schwarze Augen. »Es geht ihr wirklich nicht gut«, murmelte der Sohn und schaute nach unten, aber Victor hatte ihn sofort erkannt. Er war der Junge, der Prosper und Bo geholfen hatte. So eine Überraschung!

»Sie ist wahrscheinlich krank, weil sie Kinder hatte«, sagte Dottor Massimo mit gelangweilter Stimme. »Wenn sie stirbt, bekommst du eine neue.« Ohne seinen Sohn weiter zu beachten, sagte der *dottore* zu Victor: »Also, reden Sie weiter, *Signor*[1] …«

»Getz«, sagte Victor. »Ich will das STELLA nicht kaufen.« Scipio erschrak beim Namen des Kinos. »Ich schreibe einen Artikel über die Kinos der Stadt. Das STELLA würde ich gern berücksichtigen. Deshalb brauche ich Ihre Erlaubnis, es zu besichtigen.«

»Interessant«, sagte der *dottore* und schaute aus dem Fenster. »Oh, mein Besuch kommt gerade an. Selbstverständlich haben Sie meine Erlaubnis. Es liegt in der *Calle*[2] del Paradiso.«

Dottor Massimo suchte den Schlüssel vom Kino. Er befahl Scipio: »Hilf mir suchen, wenn du schon da rumstehst. Und lass dir eine Quittung für den Schlüssel geben. Das wirst du ja wohl schaffen.«

Als er rausging sagte er zu Victor: »Schicken Sie mir Ihren Artikel, sobald er erschienen ist.«

Es war sehr still im Raum. Scipio beobachtete Victor. Dann rannte er plötzlich auf die Tür zu.

»Halt, halt!«, rief Victor. »Wo willst du hin? Deine Freunde warnen? Mich interessieren nur die zwei Brüder: Prosper und Bo.«

Scipio starrte ihn an. Dann zog er so fest an dem Teppich, auf dem Victor stand, dass er hinfiel. Und schon war Scipio draußen. Wütend rannte Victor hinterher. Aber als er oben an der Treppe stand, sprang Scipio schon die letzten Stufen hinunter.

»Bleib stehen!«, schrie Victor. »Ich finde euch! Hast du gehört?«

Aber Scipio schnitt ihm nur eine Grimasse und lief aus dem Haus.

 ## Übungen

---

1 **signor:** (italienisch) Herr
2 **calle:** (italienisch) Gasse; in Venedig auch Wassergasse

18 ALARM

»Also, fassen wir zusammen«, murmelte Mosca und schaute auf den Grundriss. »Drei Leute sind rein- und rausgegangen: die dicke Haushälterin[1], ihr Mann und die blond gefärbte Frau …«

»Das ist Signora Ida Spavento«, erklärte Riccio. Sie lebt allein und ist Fotografin. Die Haushälterin geht abends nach Hause. Die Signora geht abends fast nie weg und um zehn ist oben im Schlafzimmer das Licht aus.«

»Wenn es wirklich ihr Schlafzimmer ist. Wenn der Flügel im ersten Stock ist. Das ist mir alles zu unsicher«, stöhnte Wespe. Sie hatte schon einiges auf der Straße gestohlen, aber in ein fremdes Haus zu schleichen[2] war etwas Anderes.

Mosca fuhr mit dem Finger die Flure auf dem Grundriss entlang. Er wollte sich nicht verlaufen, wenn er durch das fremde Haus schleicht. Plötzlich flüsterte er: »Jemand ist am Notausgang.«

Prosper ging hin. Mosca hatte ein Guckloch in die Tür gemacht. Aber Prosper konnte im Dunkeln kaum was erkennen. Und es regnete. Jemand schlug gegen die Tür. »Lasst mich endlich rein.«

Es war Scipio. Er war nass bis auf die Haut. »Mach die Tür zu, schnell!«, sagte Scipio atemlos.

Als er im Kinosaal stand, starrten ihn alle an wie einen Fremden.

»Was ist denn mit dir passiert?«, fragte Mosca. »Bist du in einen Kanal gefallen? Und was hast du für schicke Sachen an?«

»Ihr müsst weg!«, schrie Scipio. »Der Detektiv weiß, dass ihr hier seid. Nehmt eure Sachen und dann schnell weg hier.«

Alle schauten ihn entsetzt[3] an. Noch nie hatten sie ihn so erlebt.

»Starrt mich nicht an!«, schrie Scipio. »Der Kerl kommt gleich.«

Riccio rief verzweifelt: »Wo sollen wir denn hin? Es regnet doch und ist so kalt. Wie hat der Schnüffler[4] uns gefunden?«

---

1 **die Haushälterin:** eine Frau, die angestellt ist, um den Haushalt zu führen
2 **schleichen:** sich leise, vorsichtig und langsam bewegen
3 **entsetzt sein:** nicht reagieren können, weil etwas schrecklich ist
4 **der Schnüffler:** jemand, der sehr neugierig ist, seine Nase überall reinhängt; ein Detektiv

»Riccio, sei ruhig! Lass mich nachdenken!«, befahl Wespe. »Ich hab gerade eine verrückte Idee. Wollt ihr sie hören?«

 ## Übungen

19 IN DER FALLE[1]

Zum Glück wusste Victor, wo die Calle del Paradiso lag. Endlich sah er die großen Leuchtbuchstaben: STELLA. Durch die Scheibe der Eingangstür konnte Victor nichts sehen. »Die sind sowieso weg. Ihr Anführer hat sie sicher gewarnt. Warum ist der überhaupt mit diesen kleinen Ausreißern[2] zusammen?«, überlegte er.

Victor stellte den Schildkrötenkarton neben die Tür. Das Türschloss ließ sich schwer öffnen. Innen lag eine Menge Zeug vor der Tür, Victor warf sich mit aller Kraft dagegen. Drinnen suchte er mit seiner Taschenlampe einen Weg. Er ging ein paar Schritte in den dunklen Saal hinein und ließ das Licht der Taschenlampe umherwandern: ein richtiges Kino.

Plötzlich kam etwas auf ihn zu. Er schrie und sah eine Taube! Er atmete tief ein und ging weiter. Es war ein seltsames Versteck für ein paar heimatlose Kinder. Victor entdeckte Matratzen, Bücher, Comichefte, Stofftiere, Angeln. »Der Kleine hat keine Märchen erzählt!«, dachte er. Er stand in einem riesigen Kinderzimmer.

Da hörte er ein Geräusch. Da war jemand. Victor schlich zu den Kinositzen. »Glaubt ihr, dass das hier ewig so weitergehen kann?«, rief er. »Ich bin nur an zweien von euch interessiert.«

»He, Victor, fang mich doch!«, rief plötzlich eine Stimme, die Victor erkannte. »Hast du eigentlich eine Pistole[3]?«, fragte Bo.

»Natürlich, willst du sie mal sehen?« Victor griff in seine Jacke.

Langsam kam Bo zu ihm. »Ich hab keine Angst«, sagte er.

Leider achtete Victor nicht auf die Sitzreihe neben sich. Und als er spürte, wie sich links und rechts von ihm etwas bewegte, war es zu

---

1 **die Falle:** etwas, mit dem man Tiere, oder jemanden durch einen Trick fängt
2 **die Ausreißer (Sg. der / die Ausreißer/-in):** Kinder, die von zu Hause weggelaufen sind
3 **die Pistole:** Polizisten tragen Pistolen, falls sie bei Gefahr schießen müssen

spät. Fünf Kinder warfen ihn zu Boden, hielten seine Arme und Beine fest und auf Victors Brust saß Scipio.

»Du …«, schrie Victor.

Da schob Scipio ihm schon ein stinkendes Tuch in den Mund.

»Sollen wir ihn nicht erst aushorchen?«, fragte Mosca.

»Ach was, der lügt doch nur«, antwortete Scipio. »Fesselt[1] ihn.«

Die Anderen fesselten Victor, bis er aussah wie eine Raupe. Prosper durchsuchte Victors Taschen. »Ein Handy«, sagte er, »und tatsächlich«, vorsichtig hielt er Victors Pistole hoch.

»Gib her, ich versteck sie.« Wespe nahm die Pistole.

Scipio schaute auf seinen Gefangenen herunter. »Tja, Herr Detektiv. Man sollte den Herrn der Diebe nicht provozieren«, sagte er. Dann befahl er den anderen. »Bringt ihn ins Männerklo[2].«

 Übungen

20 NÄCHTLICHER BESUCH

Sie legten Victor eine Decke auf den kalten Boden. Gefangen, gefesselt und eingeschlossen in einem Klo, das war ihm noch nie passiert. Und Dottor Massimos Sohn hatte Victor so schnell das Tuch in den Mund geschoben, dass er nicht sagen konnte, dass draußen vor der Tür eine Schildkröte war. Er versuchte an seinen Schuh zu kommen, weil im Absatz[3] nützliche Hilfsmittel waren.

Plötzlich ging die Tür auf. Eine Taschenlampe leuchtete ihm ins Gesicht und jemand kniete sich neben ihn: Prosper. Victor war erleichtert. Prosper nahm ihm das Tuch aus dem Mund.

»Hat euer Boss das erlaubt?«, fragte Victor.

»Scipio ist nicht unser Boss«, antwortete Prosper und half Victor, sich an die Wand zu setzen. Victor stöhnte. Alles tat ihm weh. »Hol den Karton rein, der draußen vor dem Kino steht«, bat Victor.

---

1 **fesseln:** eine Person so festbinden, dass sie sich nicht bewegen kann
2 **das Männerklo:** Toilette für Männer
3 **der Absatz:** der höhere Teil hinten an einem Schuh

Prosper sah ihn misstrauisch an, aber er holte ihn. »Ich wusste gar nicht, dass Detektive Schildkröten einsetzen«, kicherte[1] er.

Als Victor sagte, dass sie sich auch um den Schildkrötenmann in seiner Wohnung kümmern müssen, grinste Prosper.

Er fragte Victor nach Esthers Auftrag. Victor berichtete und merkte, dass ihm der Junge leid tat. Dann erzählte Prosper, dass Scipio für sie alle sorgt, sodass sie genug Geld zum Leben haben.

»Aber was passiert, wenn dieser Herr der Diebe nicht mehr für euch sorgt? Oder wenn die Polizei euch findet?«, fragte Victor.

»Willst du, dass Bo in einem Waisenhaus landet?«

Prosper sagte ärgerlich: »Ich sorge gut für Bo. Ich würde Geld verdienen, wenn ich dürfte. Ich wünschte, ich wär erwachsen.«

»Hör mal, Prosper«, sagte Victor. »Vielleicht kann ich ja …«

Prosper hielt ihm die Hand auf den Mund. Jemand war vor der Tür.

»Bo!«, schimpfte Prosper. »Was willst du hier? Geh schlafen!«

Doch Bo kam rein und trat fast in den Schildkrötenkarton.

»Darf ich vorstellen?«, sagte Victor. »Das ist Paula.«

»Hallo, Paula«, murmelte Bo und setzte sich zwischen Prosper und Victor auf die Decke. Er starrte Victor an. »Willst du uns wirklich für Esther fangen? Wir gehören ihr nämlich nicht«, sagte er.

»Prosper passt auf mich auf. Und Wespe und Scipio.«

»So, so, Scipio«, sagte Victor. »Ist der noch hier?«

»Nein, der schläft nicht hier. Scipio hat viel zu tun. Er ist sooo schlau. Deshalb hat er auch«, Bo flüsterte, »den Auftrag vom Conte gekriegt. Prosper will ja nicht mitmachen, aber ich …«

»Halt den Mund, Bo!«, unterbrach Prosper ihn.

»Euer Herr der Diebe …«, fing Victor an. Aber Prosper zog Bo zur Tür und Victor kam nicht mehr dazu, von seiner Begegnung im Haus der Massimos zu erzählen.

 Übungen

---

1 **kichern:** leise mit hoher Stimme lachen

21 RATLOS

Beim Frühstück hatte niemand Appetit.

»Also, was machen wir mit dem Schnüffler?«, fragte Riccio.

»Wir lassen ihn laufen, wenn Scip ein Versteck für uns hat«, sagte Mosca. »Mit dem Geld vom Conte können wir uns eine Insel kaufen. Das wäre schön! Wir könnten Fische fangen …«

»Ich will aber in der Stadt bleiben und nicht jeden Tag mit einem Boot fahren!«, schimpfte Riccio.

Mosca schnitt eine Grimasse und wollte Victor Kaffee bringen.

»Wieso seid ihr alle so freundlich zu dem Kerl? Nur wegen dem müssen wir uns ein neues Versteck suchen!«, sagte Riccio wütend. Traurig schwiegen alle.

»Wir werden schon was Neues finden«, murmelte Mosca.

Riccio starrte auf den Sternenvorhang. »Ich will aber nichts Neues finden. Warum werfen wir den Kerl nicht in den Kanal?«

»Riccio!« Entsetzt sah Wespe ihn an.

»Stimmt doch!« Tränen standen in Riccios Augen. »Der kommt in unser Versteck und wir sollen auf die Straße. Das ist verrückt!«

Prosper räusperte sich. »Ihr könnt hierbleiben«, sagte er. »Wenn Bo und ich verschwinden, lässt er euch bestimmt in Ruhe. Jetzt, wo Esther weiß, dass wir in Venedig sind, müssen wir weg.«

Bo starrte seinen großen Bruder an. Wespe drehte sich entsetzt zu Prosper um. »Blödsinn!«, rief sie. »Wo willst du denn hin? Wir gehören doch zusammen. Euer Ärger ist unser Ärger.«

»Genau.« Mosca nickte. »Stimmt's, Riccio?« Aber er sagte nichts. Dann sprach Wespe über den Einbruch. »Prosper und Bo, ihr bleibt hier, und Victor im Klo. Wir stehlen den Holzflügel, bringen ihn dem Conte und machen uns mit den fünf Millionen ein gutes Leben auf einer Insel in der Lagune, wo uns niemand findet.«

»Dann müssen wir aber Victors Schildkrötenmann füttern bis wir ihn laufen lassen«, sagte Bo.

»Er wohnt unter Victors Schreibtisch«, murmelte Prosper. »Seine Frau sitzt in einem Pappkarton bei Victor im Klo.«

»Wo gibt's denn so was?«, rief Riccio. »Ihr wollt das Haustier von dem Schnüffler füttern?«

»Wir lassen keine unschuldigen Schildkröten verhungern«, sagte
Wespe ärgerlich. »Los, bring dem Kerl seinen Kaffee, Mosca.«

 Übungen

22 DIE CASA SPAVENTO

Als Riccio und Wespe gingen, um sich mit Scipio am Campo Santa
Margherita zu treffen, kam Prosper mit. Mosca und Bo blieben
gern bei Victor im Kino.

Es war sehr ruhig, als sie auf dem Platz ankamen. Das Haus, das
sie nachts besuchen wollten, sah nicht so aus, als wäre hinter den
Mauern etwas Wertvolles. Den Garten an der Rückseite konnte
man nur durch eine dunkle Gasse erreichen.

Riccio und Mosca hatten ja alles ausgekundschaftet. Sogar die
Mauer waren sie hochgeklettert, hinter der der Garten lag. Die drei
Kinder warteten frierend auf Scipio. Aber er kam nicht.

»Seht mal!«, sagte Riccio. »Da ist die Haushälterin der Spavento!«
Eine dicke Frau lief wie eine Ente über den Platz, in einer Hand
drei Hundeleinen[1], in der anderen zwei Einkaufstaschen.

Riccio sagte zu den anderen beiden: »Wartet hier.«

»Was hast du vor?«, flüsterte Wespe. »Mach keinen Blödsinn.«

Aber Riccio lief schon über den Platz. Überall schien er dabei
hinzuschauen, nur nicht in die Richtung der Haushälterin.

»Aus dem Weg!«, rief die Dicke. Aber gerade als sie an Riccio
vorbeiging, stand er ihr so plötzlich im Weg, dass die zwei zusam-
menstießen. Die vollen Taschen landeten auf dem Boden und die
Hunde sprangen den Einkäufen nach. Schnell sammelten Riccio
und die Signora alles ein.

»Warum läufst du mir in den Weg?«, schimpfte die Dicke.

»*Scusi!*« Riccio lächelte so breit, dass man seine schlechten Zähne
sah. »Ich such bloß die Zahnarztpraxis von Doktor Spavento.«

»Hier wohnt kein Zahnarzt«, antwortete die Dicke unfreundlich.

---

1 **die Hundeleinen (Sg. die Leine):** Leine / Schnur, an der man einen Hund führt

»Tut mir wirklich leid, Signora.« Riccio schaute sehr unglücklich.
»Soll ich Ihnen helfen, die Taschen ins Haus zu tragen?«
»Ach, ein höflicher junger Mann! *Va bene*[1], ich nehme das Angebot
an!« Die Haushälterin gab Riccio die Taschen und kümmerte sich
um die Hunde. Dann verschwanden beide im Haus.
Es dauerte ziemlich lange, bis Riccio wieder herauskam. Zufrieden
lief er mit einem riesigen Eis zu Wespe und Prosper.
»Keine Riegel[2] von innen! Nicht mal zwei Schlösser. Und die Küche
ist da, wo sie auf dem Grundriss war. Also ist das Schlafzimmer
wohl auch unterm Dach«, berichtete Riccio stolz.
»Und das Beste: Von der Küche führt eine Hintertür in den Garten.
Die war nicht auf dem Grundriss. Und die hat auch keine Riegel«,
flüsterte Riccio. »Die Signora ist wirklich sehr leichtsinnig, oder?«
Prosper schaute auf seine Uhr. »Es ist schon fast eins«, murmelte er
besorgt, »und Scipio ist immer noch nicht da.«
Sie warteten noch eine halbe Stunde. Dann gingen sie zu Victors
Wohnung. In seinem Büro fütterte Prosper den Schildkrötenmann.
Riccio probierte Victors falsche Bärte, Wespe las einen Krimi aus
dem Regal und Prosper durchsuchte alles. Als er Informationen
über Victors Kunden fand, klingelte das Telefon. Sie ließen es
klingeln. Doch nach zehn Minuten klingelte es wieder, gerade als
Prosper das Foto von sich und Bo fand. Er starrte das Bild an.
Wespe schaute von ihrem Buch auf. »Was ist das?«
»Ein Foto von mir und Bo. Meine Mutter hat es gemacht, an
meinem elften Geburtstag.« Prosper ballte die Finger zur Faust[3].
»Was hat der Detektiv denn über euch geschrieben?«, fragte sie.
Prosper steckte das Foto ein und gab ihr Victors Notizen.
Wespe las. »Oh, sympathisch scheint er deine Tante auch nicht
zu finden. Er nennt sie ›Spitznase‹ und deinen Onkel ›Kleider-
schrank‹. Der Schnüffler ist gar nicht dumm.«

---

1 **va bene:** (italienisch) in Ordnung, okay
2 **der Riegel:** ein Stück Metall, das man vor die Tür schiebt, um sie zu schließen
3 **die Finger zur Faust ballen:** die Finger fest zusammenschließen, wie zu einem Ball

Das Telefon klingelte wieder. Diesmal griff Wespe zum Hörer.
»*Pronto!*«, sagte sie mit verstellter[1] Stimme. »Büro Victor Getz.
Was kann ich für Sie tun? … Wie war der Name? … Hartlieb?«
Prosper bekam einen Schreck. Wespe drückte auf einen Knopf am
Telefon und man hörte Esthers Stimme. »… versuche seit Tagen,
Herrn Getz zu erreichen. Er hat mir gesagt, er ist den Jungen auf
der Spur. Er wollte ein Foto schicken …«

»Davon weiß ich nichts«, behauptete Wespe. »Das könnte auch
falsch sein. Gestern hat er nämlich eine neue Spur verfolgt. Herr
Getz glaubt jetzt, dass die Jungen nicht mehr in Venedig sind …
Hallo?« Vom anderen Ende der Leitung kam erst nur Schweigen.

»Ich möchte diese Auskunft gern von Herrn Getz persönlich
bekommen. Holen Sie ihn bitte sofort ans Telefon«, befahl Esther.

»Er, er …«, Wespe vergaß, ihre Stimme zu verstellen, »… er ist
nicht da. Ich bin nur seine Sekretärin. Er ist gerade unterwegs.«

»Wer sind Sie?« Jetzt klang Esther wütend. »Soviel ich weiß, hat
Herr Getz überhaupt keine Sekretärin.«

»Natürlich hat er eine Sekretärin!« Wespe klang ehrlich ärgerlich.
»Versuchen Sie es in einer Woche noch mal.«

»Jetzt hören Sie mir mal zu, wer immer Sie sind …« Esthers Stimme
wurde noch aggressiver. »Ich habe Herrn Getz die Nachricht auch
schon auf den Anrufbeantworter gesprochen, aber richten Sie es
ihm noch einmal aus. Wir sind in zwei Tagen in Venedig und ich
erwarte Herrn Getz am Dienstag im *Sandwirth*. Und zwar um
Punkt drei Uhr. Schönen Tag noch.«

»Ich glaub, das hab ich nicht so gut gemacht«, murmelte Wespe.

»Wir müssen weg«, sagte Prosper. »Ich wusste, dass der Kerl Bo mit
den Tauben fotografiert hat! Riccio, nimm die Kamera mit.«
Wespe schob sich ein paar Bücher unter den Pullover. Und Riccio
steckte Victors Bärte ein.

»Den Schildkrötenmann nehmen wir auch mit«, sagte Wespe.

---

1 **die Stimme verstellen:** mit einer anderen Stimme sprechen, z. B. höher / tiefer

»Vielleicht ist Scipio ja inzwischen im Versteck!«, meinte Riccio als sie Victors Wohnungstür hinter sich zuzogen. Aber alle drei hatten da ihre Zweifel.

 **Übungen**

23 WUT UND STREIT

Bo öffnete die Tür, als sie zurück ins Versteck kamen.
»Du sollst doch nicht an die Tür gehen!«, schimpfte Prosper.
»Aber Victor repariert gerade Moscas Radio«, sagte Bo.
»Warum hast du ihn los gebunden?«, schimpfte Riccio mit Mosca. Erschrocken drehte Mosca sich um und sagte: »Er hat mir sein Ehrenwort[1] gegeben, dass er nicht wegläuft.«
»Sein Ehrenwort ist mir egal«, rief Riccio.
»Hör auf, Riccio!«, sagte Wespe. »Wir schließen ihn einfach ein.«
»Ihr werdet schon sehen, was Scipio dazu sagt!«, schrie Riccio.
»Wenn er irgendwann wiederkommt«, sagte Prosper.
»Wieso, ihr habt euch doch mit ihm getroffen?«, fragte Mosca.
»Über zwei Stunden haben wir auf ihn gewartet«, erklärte Wespe.
»So, so, so«, knurrte Victor. »Und meine Schildkröte?«
»Hier ist sie«, sagte Prosper. »Was soll dieses ›so, so, so‹ heißen?«
Victor fragte: »Was wisst ihr eigentlich über euren Anführer?«
Mosca begann zu erzählen: »Scipio ist wie Riccio im Waisenhaus aufgewachsen. Mit acht Jahren ist er weggelaufen. Ein alter Dieb hat sich um ihn gekümmert und ihm alles Notwendige gezeigt.«
»Und nennt sich nun der Herr der Diebe«, beendete Victor die Geschichte. »Er lebt also vom Stehlen und ihr auch.«
»Das werden wir dir gerade erzählen!«, sagte Riccio spöttisch. »Du würdest Scipio nie erwischen. Barbarossa hat uns letztes Mal vierhunderttausend Lire für seine Beute bezahlt.«
»So, so, Barbarossa.« Victor nickte. »Den kennt ihr also auch. Und wie habt ihr Scipio kennengelernt?«, fragte Victor.

---

1 **das Ehrenwort:** feierlich garantiert man, dass ein Versprechen richtig ist, dass es eine Ehre ist, ein hoher persönlicher Wert

»Ich hab ihm was gestohlen«, knurrte Riccio. »Aber er hat mich erwischt. Ich hab ihm gedroht[1], dass er Ärger mit meiner Bande[2] kriegt, wenn er mich nicht loslässt. Da hat er gesagt, er lässt mich laufen, wenn ich ihm die Bande vorstelle.«

»Riccio, Wespe und ich lebten damals im Keller eines leerstehenden Hauses«, erklärte Mosca. »Wir waren ständig krank und zu essen hatten wir auch nicht viel …«

»›So könnt ihr doch nicht wohnen!‹, hat Scipio gesagt und uns hierher gebracht. Seitdem ging es uns gut. Bis du gekommen bist!«

»Ja, schon gut.« Victor sah Prosper an. »Und als Wespe euch mitnahm«, sagte er, »hat Scipio sich auch um euch gekümmert.«

»Nur noch eins. Bo hat erzählt, dass ihr bald viel Geld haben werdet. Ihr macht doch wohl nichts Dummes?«, fragte Victor.

Sofort flüsterte Bo Victor ins Ohr: »Wir sollen in einem Haus so einen komischen Holzflügel stehlen.«

»Ihr wollt irgendwo einbrechen? Seid ihr verrückt? Wollt ihr alle im Kinderheim landen?« Victor stellte sich vor Prosper. »Was passiert denn mit dem Kleinen, wenn sie euch erwischen?«

»Niemand erwischt uns! Scipio weiß, wie man so was macht, du aufgeblasener Affe[3]!«, schrie Riccio verzweifelt.

Jetzt war Victor wirklich wütend. »Aufgeblasener Affe? Ich will dir mal was sagen! Euch hat der größte aufgeblasene Affe betrogen. Macht doch einen Ausflug in die Fondamenta Bollani 233. Dort erfahrt ihr alles über den Herrn der Diebe.«

 Übungen

24 DER JUNGE HERR MASSIMO

Mosca hatte Victor eingeschlossen, dann waren sie losgegangen. Und da standen sie vor dem Haus: Fondamenta Bollani 233. Mit so einem Palast hatten sie nicht gerechnet. Sie fühlten sich ganz klein.

---

1 **drohen:** sagen, dass etwas Schlimmes passiert, wenn man nicht tut, was man fordert
2 **die Bande:** eine organisierte Gruppe, die etwas tut, was gesetzlich nicht erlaubt ist
3 **du aufgeblasener Affe:** Schimpfwort für jemanden, der tut als wäre er wichtig; aufblasen = groß machen wie einen Ballon, in dem aber nur Luft ist

»Wir können da doch nicht einfach klingeln«, flüsterte Wespe.
Riccio musterte das goldene Namensschild. *Massimo* stand darauf.
»Ich mach's!« Prosper drückte auf den goldenen Knopf. Zweimal.
Die anderen versteckten sich. Als ein Mädchen mit weißer Schürze[1]
kam, sagte Prosper: »*Buona sera*[2], *signora*, kennen Sie zufällig
einen Jungen, der Scipio heißt?«
Das Mädchen musterte Prosper. »Was willst du von ihm?«
»Er wohnt hier? Scipio?«, fragte Prosper. Da kam auch schon Bo
hinter Prospers Rücken hervor. »Scipio will uns bestimmt sehen«,
sagte er. »Wir sollten uns heute mit ihm treffen.«
Das Mädchen schaute immer noch misstrauisch, aber als Bo sie
anlächelte, lächelte sie auch und öffnete das Tor. Prosper zögerte[3],
doch Bo stand schon drinnen.
Das Mädchen führte die beiden Jungen in den
Innenhof des Hauses und sagte: »Ihr wartet hier
unten«.
Bo berührte vergnügt die Löwenköpfe am
Brunnen. Doch Prosper dachte: »Was tut Scipio
hier? Wer ist er?«

der Brunnen

Als Scipio endlich oben an der Treppe erschien,
starrte Prosper zu ihm hoch wie zu einem
Gespenst. Und Scipio starrte zurück, das Gesicht blass und fremd.
Dann kam er die Treppe herunter. Schweigend schauten sie sich an.
Ein Mann erschien oben an der Treppe, groß und mager, mit den
gleichen dunklen Augen wie Scipio. Mit gelangweilter Stimme
rief er: »Hast du heute nicht Nachhilfeunterricht?« Er sah Bo und
Prosper mit einem kurzen, irritierten Blick an.
»Erst in einer Stunde«, antwortete Scipio. Seine Stimme klang so
anders. Und kleiner kam er Prosper vor, in dem riesigen Haus.
»Geh mit deinen Freunden auf dein Zimmer«, sagte Scipios Vater
bevor er ging.
»Du hast einen Vater, Scip?«, flüsterte Bo. »Auch eine Mutter?«

---

1 **die Schürze:** trägt man um die Kleidung zu schützen; bei Dienstmädchen als Uniform
2 **buona sera:** (italienisch) guten Abend! Diese Grußform wird ab nachmittags gebraucht.
3 **zögern:** nicht sofort handeln oder reden, sondern zuerst überlegen

Scipio nickte. »Ich kann das alles erklären.«

»Du kannst es uns gleich allen erklären«, sagte Prosper. »Komm, die anderen warten draußen.« Aber Scipio blieb stehen.

»Der Schnüffler hat mich verraten, oder?«, fragte Scipio.

»Wenn du uns nicht belogen hättest, wär da nichts zu verraten«, antwortete Prosper. »Los, komm!«

»Ich erkläre euch alles heute Abend. Und das mit dem Einbruch …«, er sprach leise, »… das bleibt wie besprochen.«

»Hör auf, Scip!«, fuhr Prosper ihn an. »Ich wette, du hast noch nie in deinem Leben was gestohlen. Wahrscheinlich kommt deine ganze Beute aus diesem Haus, stimmt's?«, flüsterte Prosper. »Wie konntest du den Auftrag des Conte annehmen? Der Herr der Diebe! Mein Gott, waren wir blöd! Komm mit!«, sagte er noch mal zu Scipio und drehte sich um. Doch Scipio blieb weiterhin stehen.

Mosca, Riccio und Wespe warteten draußen und froren.

»Na, also!«, rief Riccio erleichtert. »Es war nicht unser Scipio!«

»Doch, er war es! Victor hat nicht gelogen«, sagte Prosper. »Lasst uns hier verschwinden.« Und schon rannte er zur nächsten Brücke.

»Was ist passiert?«, fragte Wespe besorgt, als sie neben ihm stand.

Prosper schloss die Augen, damit die anderen seine Tränen nicht sahen. »Versteht ihr denn nicht? Der Einzige, der gelogen hat, ist Scipio. Er wohnt in dem Palast! Bo und ich haben seinen Vater gesehen. Der Herr der Diebe! Weggelaufen aus dem Waisenhaus. Nichts als Lüge! Und wir haben ihn bewundert.«

»Aber die Beute …« Moscas Stimme konnte man kaum hören.

Prosper lachte spöttisch. »Wahrscheinlich hat er die Sachen seinen Eltern gestohlen. Der Herr der Diebe – der Herr der Lügner ist er! Er war nicht mal mutig genug mit uns rauszukommen.«

»Lasst uns nach Hause gehen«, murmelte Wespe.

Und das taten sie. Den ganzen Rückweg sprach niemand ein Wort.

 Übungen

25 EIN EHRENWORT

Es war nicht schwer für Victor, das Schloss seines Gefängnisses zu öffnen. In seinem Absatz war ja immer etwas Draht[1] versteckt. Er beschloss, noch ein paar Abschiedssätze zu schreiben. Weil er kein Papier fand, schrieb er seine Nachricht auf die Wand:

Achtung, wie ich schon sagte, ich halte mein Ehrenwort: Die Hartliebs werden von mir nichts erfahren – außer ich höre in nächster Zeit von irgendwelchen seltsamen Einbrüchen. Victor

Müde ging Victor zur Tür des Kinos. Auf der Gasse schloss er sie und machte sich mit seinen Schildkröten auf den Heimweg.

 Übungen

26 DER EINBRUCH

»Ihr glaubt ihm doch nicht?«, rief Riccio, als sie Victors Nachricht und das leere Klo entdeckten. »Wir müssen ihn wieder fangen.«

»Wir müssen wohl glauben, was da steht«, sagte Wespe. »Oder willst du dir ein neues Versteck suchen, Riccio?«

»Und den Einbruch, willst du den jetzt lassen?«, fragte Riccio.

»Nein. Aber von dem Einbruch erfährt er doch sowieso erst, wenn die Sache vorbei ist. Und wir sind dann längst verschwunden.«

»Ihr wollt den Flügel immer noch stehlen?«, fragte Prosper.

»Versteht doch! Scipio ist noch nie irgendwo eingebrochen!«

»Wir werden die Sache ohne ihn machen«, sagte Wespe. »Wovon sollen wir denn leben, wenn Scipio keine Beute mehr bringt. Dem Conte ist es egal, wer ihm den Flügel besorgt. Willst du nicht doch mitmachen?«

»Und was wird mit Bo?« Prosper schüttelte den Kopf. »Nein. Ich wünsch euch Glück. Aber ich mache nicht mit. In zwei Tagen kommt meine Tante nach Venedig. Bis dahin haben Bo und ich die Stadt verlassen. Wir versuchen, auf irgendein Schiff zu kommen.«

In Wespes Augen standen Tränen. »Wir gehören doch zusammen. Wir sind eine Familie. Überleg es dir noch mal!«, sagte sie.

---

1 **der Draht:** sehr dünnes, langes Metall, wie eine Schnur

Das Abendessen fiel aus. Als Prosper sich hinlegte, sah er, dass Wespe und Bo zusammen eingeschlafen waren. Ein schönes Gefühl. Aber er träumte von Esther, die immer wieder nach Bo griff. Und am Ende war Bo nicht mehr da. Nass geschwitzt wachte Prosper auf. Es war dunkel und kalt. Sie waren alle fort. Mit Bo. Er wusste, wo sie waren. »Wieso haben sie Bo mitgenommen?«

Prosper rannte los. Er musste die anderen erreichen, bevor sie in das fremde Haus schlichen. Endlich stand er vor Ida Spaventos Haus. Drinnen brannte kein Licht. Sie wollten ja über die Gartenmauer steigen. Und tatsächlich, Wespe saß auf der Mauer.

»Wo ist Bo?«, fragte Prosper atemlos. »Warum habt ihr ihn mitgenommen? Hol ihn sofort zurück!«

»Beruhige dich«, flüsterte Wespe. »Er ist uns gefolgt. Und dann hat er gedroht, dass er den ganzen Platz wachschreit, wenn wir ihn nicht mitnehmen! Was sollten wir denn machen?«

Also kletterte auch Prosper über die Mauer. Mosca und Riccio waren schon an der Küchentür und Bo hinter Moscas Rücken.

»Wir beide verschwinden hier wieder, Bo!«, knurrte Prosper.

»Nein, ich bleib hier!«, rief Bo so laut, dass Mosca ihm erschrocken die Hand auf den Mund drückte. Riccio und Wespe schauten besorgt zu den Fenstern hinauf, aber sie blieben dunkel. »Lass ihn, Prosper, bitte!«, flüsterte Wespe.

Als Riccio endlich die Tür aufkriegte, schlichen alle mit ihren Taschenlampen ins Haus. Mosca ging voraus. Die Tür in der Küche führte auf einen engen Flur. Dann war da die Treppe nach oben. Neben den Stufen hingen Masken an der Wand. Die Treppe endete vor einer Tür, die auf einen breiten, beleuchteten Flur führte. Mosca legte den Finger an die Lippen, als sie an der Treppe vorbeikamen, die zum Schlafzimmer führte. Sie standen vor der dritten Tür.

»Das muss der *salotto*[1] sein«, flüsterte Mosca. Doch als er die Tür öffnen wollte, ging sie von innen auf. Erschrocken lief Mosca rückwärts. In der Tür stand aber nicht Ida Spavento, sondern Scipio mit Maske und Lederhandschuhen.

---

1 **salotto:** (italienisch) das Wohnzimmer

»Was macht ihr hier?«, schimpfte Scipio. »Das ist mein Auftrag.«

»Halt bloß den Mund, du Lügner! Für dich ist das hier ein Abenteuer, aber wir brauchen das Geld. Und deshalb werden *wir* den Flügel stehlen. Sag schon, ist er dadrin?«, schimpfte Mosca.

»Ich sag es noch mal«, fing Scipio an. »*Ich* bringe dem Conte den Flügel. Ihr kriegt euren Teil, aber jetzt verschwindet.«

»Du kannst dem Conte gar keine Nachricht schicken«, flüsterte Riccio, »weil wir nämlich seine Taube haben.«

»Kommt«, flüsterte Mosca. »Lasst uns weitersuchen. Ich nehm mit Prosper die linke Tür, Riccio und Wespe, ihr nehmt die rechte.«

Wespe und Riccio kamen schnell zurück – ohne Flügel.

»Scipio ist oben«, schimpfte Mosca. »Wir müssen ihm nach!«

Da ging plötzlich das Licht an.

Erschrocken drehten die Kinder sich um. Eine Frau in einem dicken Mantel stand mit einem Gewehr[1] in der Tür.

»Entschuldigt«, sagte Ida Spavento und richtete das Gewehr auf Riccio, weil er am nächsten stand. »Habe ich euch eingeladen?«

»Bitte, nicht schießen!«, rief Riccio und nahm die Arme hoch.

»Oh, ich habe eigentlich nicht vor zu schießen«, sagte Ida Spavento. »Aber ihr könnt sicher verstehen, dass ich das Gewehr geholt habe, als ich euch gehört habe. Da gehe ich mal aus und was finde ich bei meiner Rückkehr? Eine Bande kleiner Diebe! Seid froh, dass ich nicht die Carabinieri gerufen habe.«

»Bitte! Rufen Sie nicht die Polizei!«, flüsterte Wespe.

»Na ja, vielleicht nicht. Ihr seht nicht sehr gefährlich aus«, sagte Ida Spavento. »Wolltet ihr meine Fotoapparate stehlen?«

»Nein, den Flügel aus Holz«, murmelte Riccio.

»Den Flügel?« Ida Spavento lehnte das Gewehr an die Wand.

Bo kam hinter Prospers Rücken hervor. Ida musterte ihn. »Ihr seid wirklich eine sehr junge Diebesbande. Was wisst ihr von dem Flügel? Und wer hat euch erzählt, dass ich ihn habe?«

»Wir haben den Auftrag, ihn zu stehlen«, murmelte Mosca.

Ida Spavento sah ihn erstaunt an. »Einen Auftrag? Von wem?«

---

1 **das Gewehr:** ein Gewehr ist lang und wenn man schießt, nimmt man es an die Schulter

»Das verraten wir nicht!«, sagte eine Stimme hinter ihr.

Ida drehte sich um. Scipio richtete das Gewehr auf sie.

»Scipio!«, rief Wespe entsetzt. »Stell sofort das Gewehr zurück!«

»Ich hab den Flügel!«, sagte Scipio. »Lasst uns verschwinden.«

»Scipio? Eine ähnliche Maske habe ich auch, aber ich benutze sie selten bei Einbrüchen. Jetzt stell das Gewehr weg!«, sagte Ida Spavento. »Über diesen Flügel gibt es seltsame Geschichten. Hat euer Auftraggeber sie euch erzählt?«

Scipio beachtete sie nicht. »Wenn ihr jetzt nicht kommt, dann geh ich allein! Mit dem Flügel. Und das Geld teile ich nicht mit euch.«

Da zog ihm Ida das Gewehr aus der Hand und sagte: »Das Gewehr funktioniert nicht. Jetzt gib mir den Flügel zurück!«

Nun holte Scipio den Flügel. Er war in eine Decke eingepackt. Ida nahm den Flügel aus der Decke. »Wie viel wollte euer Auftraggeber euch denn für meinen Flügel zahlen?«

»Sehr viel«, antwortete Wespe. Da lag er. Die weiße Farbe war blass und es gab goldene Flecken auf dem Flügel.

»Sagt mir den Namen eures Auftraggebers«, forderte Ida Spavento, »und ich erzähle euch, warum er so viel Geld bezahlen wollte.«

»Er nennt sich der Conte«, sagte Mosca. Scipio schaute ihn böse an.

»Was ist, Herr der Diebe? Sollten wir es ihr nicht sagen?«

»Herr der Diebe, welche Ehre!«, sagte Ida Spavento spöttisch.

»Also ich brauche jetzt einen Kaffee. Wenn ihr wollt, erzähle ich euch eine Geschichte. Von einem verlorenen Flügel und einem Karussell[1].«

 Übungen

27 EINE ALTE GESCHICHTE

Alle saßen in der Küche um den Tisch herum, nur Scipio lehnte ohne Maske in der Tür. Vor ihnen lag der Flügel.

»Ist das der Flügel von einem Engel?«, fragte Wespe.

»Nein. Das ist der Flügel eines Löwen«, antwortete Ida Spavento.

---

1 **das Karussell:** darauf stehen Tiere aus Holz und man fährt auf ihm im Kreis

54

Dann holte sie Gläser und Saft für alle und begann: »Kennt ihr die Geschichte vom Karussell der Barmherzigen Schwestern?«

»Das Waisenhaus für Mädchen«, sagte Riccio, »das gehört auch irgendwelchen Barmherzigen Schwestern.«

»Genau. Vor mehr als einhundertfünfzig Jahren machte ein reicher Kaufmann diesem Waisenhaus ein Geschenk. Er ließ auf dem Hof ein Karussell aufbauen, mit fünf wunderschönen Holzfiguren. Auf dem Karussell drehten sich ein Einhorn[1], ein Seepferd, ein Wassermann, eine Meerjungfrau und ein geflügelter Löwe. Überall in Venedig sprach man von dem wunderbaren Karussell. Aber bald erzählte man sich, dass durch dieses Karussell seltsame Dinge geschehen: Ein paar Runden[2] auf diesem Karussell machten aus Kindern Erwachsene, und aus Erwachsenen wieder Kinder. Leider wurde das Karussell nach wenigen Wochen gestohlen. Man hat es nie gefunden. Aber die Diebe hatten etwas verloren …«

»Den Flügel des Löwen«, flüsterte Bo.

»Genau.« Ida Spavento nickte. »Er lag auf dem Hof des Waisenhauses, wo ihn eine Schwester fand. Nach ihrem Tod landete der Flügel unterm Dach des Waisenhauses, wo ich ihn entdeckte. Viele, viele Jahre später.«

»Was wollten Sie da oben?«, fragte Mosca.

»Ich lebte mehr als zehn Jahre in diesem Waisenhaus«, antwortete Ida. »Eine alte Schwester erzählte mir von dem Karussell. Weil mir die Geschichte so gut gefiel, schenkte sie mir den Flügel.«

Wespe gab Ida das Foto, das der Conte ihnen gegeben hatte.

Ida fragte: »Ist das von eurem Auftraggeber?« Wespe nickte.

»Man wird erwachsen, wenn man auf diesem Karussell fährt?«, fragte Scipio.

»Eine seltsame Geschichte, oder? Ich glaube, euer Auftraggeber weiß, wo das Karussell der Barmherzigen Schwestern ist. Warum hat er euch sonst den Auftrag gegeben? Wahrscheinlich dreht es sich nicht, solange dem Löwen der zweite Flügel fehlt.«

---

1 **das Einhorn:** Fantasietier; sieht aus wie ein Pferd mit einem langen, dünnen Horn in der Mitte des Kopfes

2 **die Runden (Sg. die Runde):** wenn man einmal im Kreis fährt, ist das eine Runde

»Signora«, sagte Mosca. »Wenn dieser Flügel zu dem Löwen auf dem Karussell gehört, dann können Sie doch gar nicht viel damit machen. Dann können Sie ihn doch uns geben, oder?«

Ida Spavento lächelte. »So, könnte ich das?« Sie öffnete die Tür zum Garten und stellte sich mit dem Rücken zu den Kindern. Dann drehte sie sich plötzlich um. »Wie wäre es mit einem Handel?«, fragte sie. »Ich lasse euch den Flügel, ihr bringt ihn dem Conte und er bezahlt euch. Danach folgen wir dem Conte. So finden wir vielleicht das Karussell der Barmherzigen Schwestern. Ich sage ›wir‹, weil ich mitkommen werde, das gehört zu dem Handel.« Gespannt sah sie alle an. »Ich will nichts von eurem Lohn. Ich würde nur gern dieses Karussell sehen. Kommt schon, sagt ja!«

Doch die Kinder sahen nicht sehr begeistert aus.

»Was ist, wenn uns der Conto erwischt?«, fragte Mosca.

»Macht euch das Foto nicht neugierig? Wollt ihr das Karussell denn nicht sehen?«, fragte Ida. »Es soll wunderschön sein!«

Da stand Scipio auf. »Ich würde das Angebot annehmen«, sagte er. »Es ist fair. Wir kriegen unser Geld und selbst wenn der Conte merkt, dass wir ihm folgen, schneller sind wir sowieso.«

»Mit ›wir‹ ist es vorbei«, knurrte Mosca. »Du gehörst nicht zu uns.«

»Geh zurück in deinen Palast!«, rief Riccio. »Die armen Kinder haben keine Lust mehr mit *dem Herrn der Diebe* zu spielen.«

»Erklärt ihr mir, worum es geht?«, fragte Ida Spavento.

»Ich geh nicht zurück«, sagte Scipio. »Ich geh nie, nie wieder nach Hause zurück. Ich brauch sie nicht. Sie sind sowieso nie da. Und wenn, dann behandeln sie mich wie ein Haustier, das stört. Wenn es dieses Karussell wirklich gibt, dann werde ich erst wieder runtersteigen, wenn ich einen Kopf größer bin als mein Vater und mir ein Bart wächst. Wenn ihr den Handel nicht machen wollt, dann mache ich ihn eben allein. Ich finde das Karussell und niemand behandelt mich mehr schlecht. Nie mehr.«

Es war still nach Scipios Ausbruch[1]. Dann sagte Wespe: »Wir sollten Signora Spaventos Angebot annehmen und den Streit

---

1 **der Ausbruch:** sehr emotional werden; z. B. vor Wut

vergessen, bis wir dem Conte den Flügel gegeben und das Geld bekommen haben. Ist irgendjemand gegen den Handel?«

Niemand reagierte. »Gut«, sagte Wespe, »der Handel gilt.«

 Übungen

28 SCIPIO, DER LÜGNER

Es war früh am Morgen, als die Kinder aus Ida Spaventos Haus kamen. Den Flügel hatten sie bei Ida gelassen.

Als sie das Kino erreichten, ließen sie Bo Sofia fangen. Er trug die Taube zum Kanal. Dort flog sie hinauf in den Morgenhimmel.

»Du solltest jetzt verschwinden«, sagte Riccio zu Scipio.

»Er hat recht, Scip. Wenn dein Vater dich suchen lässt, steht sicher bald die Polizei vor der Tür«, sagte Wespe.

Scipios Gesicht versteinerte. »Ach so«, sagte er, »Prosper und Bo werft ihr nicht raus, dabei verdankt ihr ihnen, dass dieser Detektiv das Kino jetzt kennt. Aber ich darf nicht bleiben, obwohl ich euch das Versteck gezeigt habe und für euch gesorgt habe. Meint ihr, es war leicht, meinen Eltern all die Sachen zu stehlen?«

Mosca fragte: »Haben sie das Dienstmädchen verdächtigt?«

Scipio wurde rot im Gesicht. »Mein Kindermädchen«, gab er zu.

»Und? Hast du sie denn wenigstens in Schutz[1] genommen?«

»Wie denn?« Scipio war wütend. »Ihr kennt meinen Vater nicht!«

Bo fragte: »Musste sie ins Gefängnis?«

»Nein! Sie konnten ihr nichts beweisen und haben sie entlassen. Sie haben es nur wegen der Zuckerzange bemerkt.«

Alle schauten ihn entsetzt an. »Mann, Scip!«, murmelte Mosca.

»Ich hab das nur für euch getan!«, rief Scipio. »Habt ihr vergessen, wie es euch ging, bevor ich mich um euch gekümmert habe?«

»Verschwinde! Wir kommen ohne dich klar«, fuhr Riccio ihn an.

Scipio schrie: »Schon vergessen? Das Kino gehört meinem Vater!«

»Geh nach Hause, Scip. Wir geben dir Bescheid, sobald wir wissen, wann wir uns mit dem Conte treffen«, sagte nun Mosca.

---

1 **in Schutz nehmen:** jemandem helfen, wenn es Probleme gibt

Riccio stieß ihn weg. »Wieso willst du ihm Bescheid geben?«

»Hör auf, Riccio!«, schrie Prosper ihn an. »Ich hab Scipios Vater gesehen. Du hättest Angst, dem einen Silberlöffel zu klauen.«

»Danke, Prop«, murmelte Scipio. »Bis morgen.«

»Er hat Angst, nach Hause zu kommen«, dachte Prosper und Scipio tat ihm leid.

 Übungen

29 NOCH EIN BESUCH

Barbarossas Laden war leer, als Prosper, Wespe und Bo eintraten.

»Signor Barbarossa?«, rief Wespe und musterte das Bild über dem Ladentisch. Auch sie wusste natürlich von dem Guckloch.

Barbarossas Augen waren rot, als er seinen Kopf durch den Vorhang vor seinem Büro steckte. Er putzte sich laut die Nase. Ungeduldig winkte Barbarossa die Kinder in sein Büro. Er ließ sich seufzend in seinen Stuhl fallen. »Keine Tasche?«, fragte er.

»Wir wollen nichts verkaufen«, sagte Wespe. »Der Conte wollte bei Ihnen einen Brief für uns lassen.«

»Ach ja, der Brief. Seine Schwester hat ihn gestern für euch abgegeben.« Der Rotbart reichte Wespe einen schmalen Umschlag. Als Wespe ihn greifen wollte, zog Barbarossa ihn zurück.

Er fragte: »Verratet ihr mir, was ihr für den Conte stehlen solltet?«

Prosper zog Barbarossa den Umschlag aus den Fingern.

»He, du bist wirklich frech!«, schimpfte Barbarossa. »Wisst ihr was, wir spielen ein kleines Ratespiel! Ich fange an: Ist das, was der Conte wollte, aus – Gold?«

»Nein!«, antwortete Bo. Er grinste und schüttelte den Kopf.

Doch bevor der Rotbart die nächste Frage stellen konnte, schob Prosper Bo durch den Perlenvorhang und öffnete die Ladentür.

»Raus mit dir!«, sagte er, aber Bo blieb noch mal stehen. Er rief durch den Laden: »Es ist aus riiiiesigen Diamanten[1] und Perlen.«

Barbarossa kam durch seinen Vorhang. »Beschreib es mir näher!«

---

1 **die Diamanten (Sg. der Diamant):** Kristalle, sehr teure Schmucksteine

Wespe, zog Bo mit nach draußen – und blieb überrascht neben Prosper stehen. Es schneite. Alles war plötzlich grau und weiß.

»Es ist also eine Kette. Oder ein Ring?« Aufgeregt steckte Barbarossa den Kopf aus seiner Ladentür. Aber die Kinder gingen davon, ohne ihn zu beachten. Sie hatten nur noch Augen für den Schnee. Auf der nächsten Brücke blieben sie stehen. Wespe machte den Umschlag auf und Prosper las vor, was auf der Karte stand:

> *am verabredeten Treffpunkt, auf dem Wasser*
> *schaut nach einer roten Laterne[1]*
> *in der Nacht von Dienstag auf Mittwoch, 1 Uhr*

»Morgen Nacht schon, und so spät«, murmelte Wespe. »Sollen wir dem Conte den Flügel auf einem Boot geben?«

»Ist doch kein Problem«, antwortete Prosper. »Moscas Boot ist groß genug für uns alle.«

»Stimmt«, sagte Wespe. »Aber ich kann nicht gut schwimmen und Riccio wird schon schlecht, wenn er Boote nur sieht.«

Prosper flüsterte: »Wespe, ich will nicht, dass Bo morgen mitkommt! Kannst du mit ihm reden?«

Wespe schüttelte den Kopf. »Reden nützt nichts. Ich habe eine bessere Idee. So kann auch ich die Bootsfahrt vermeiden.«

 Übungen

30 ARMER, KRANKER VICTOR

Victor lag im Bett. Seit zwei Tagen war er erkältet. Er stand nur auf, um zum Klo zu gehen, die Schildkröten zu füttern oder Kuchen zu kaufen. Er ging nicht ans Telefon und öffnete nicht, wenn es klingelte. Er sah fern, beobachtete wie es schneite und sagte sich, dass er krank war und deshalb die Hartliebs nicht im *Sandwirth* treffen konnte. Unmöglich. Nicht zu schaffen.

Victor suchte in den Zeitungen nach Einbruchsmeldungen, aber er fand nichts und war erleichtert. Ständig musste er an diese Kinder

---

1 **die Laterne:** gibt Licht; ist gegen Wind und Regen geschützt

denken. Er wollte auf jeden Fall noch mal bei den kleinen Dieben vorbeischauen. Schließlich hatten sie seine Bärte gestohlen.

Victor sah sich ein Fotoalbum mit seinen Kinderbildern an. Er konnte sich zwar an die Gesichter erinnern, wie er als Sechs- oder Zwölfjähriger ausgesehen hatte. Trotzdem waren sie ihm fremd. Wie konnte er vergessen, wer er mal war, wie er sich gefühlt hatte? Victor sah zur Uhr an der Wand. Zehn Uhr. Heute war Dienstag, der Tag, an dem er sich mit den Hartliebs treffen sollte. Es war ihm nicht gelungen, den Termin zu verpassen. Was sollte er dieser Esther erzählen? Was *wollte* er ihr erzählen? »Ich habe keine Ahnung«, dachte Victor. »Auf keinen Fall die Wahrheit.«

 Übungen

31 VERGEBLICHE LÜGEN

Victor erreichte das Hotel mit Verspätung. Esther und ihr Mann standen in ihrem Zimmer mit dem Rücken zum Fenster. Sie hatten keinen Sinn für den Schnee, sondern nur Augen für ihn, feindselige[1] Augen. Victor fühlte sich unwohl.

»Ich bin froh, dass Sie meine Nachricht erhalten haben«, begann Esther. »Nach dem Telefonat mit Ihrer Sekretärin hatte ich schon daran gezweifelt, dass Sie noch in der Stadt sind.«

»Also bitte, Signor Getz«, sagte Herr Hartlieb, »berichten Sie.«

Victor war nervös. »Das Ergebnis ist leider eindeutig. Der Kleine und sein großer Bruder sind nicht mehr in der Stadt.«

»Ihre Sekretärin hatte so etwas gesagt«, meinte Max Hartlieb.

Victor erinnerte sich rechtzeitig daran, dass Wespe, Prosper und Riccio in seinem Büro gewesen waren. »Ach ja, meine Sekretärin. – Wie Sie wissen, war ich nah an Bo und seinem Bruder dran. Leider konnte ich sie nicht fangen. Aber ich fand heraus, dass sie mit einer Bande junger Diebe zusammen waren. Einer von ihnen hat mich erkannt, weil ich ihn mal erwischt hatte. Er hat die beiden wohl davon überzeugt, dass sie in Venedig nicht mehr sicher sind. Das

---

1 **feindselig:** nicht freundlich, aggressiv

Resultat meiner Recherchen ist leider, dass die beiden sich auf einer Fähre versteckt haben.«

Esther Hartlieb sah so enttäuscht aus, dass sie Victor fast leidtat. »Wohin fuhr dieses Schiff?«, fragte sie leise.

»Korfu[1]«, antwortete Victor eiskalt. »Was tue ich da?«, dachte er. »Belüge meine Auftraggeber!«

Esther ließ sich von ihrem Mann in den Arm nehmen. Zu Victor sagte sie: »Das kann nicht sein! Ich habe Ihnen doch erzählt, dass Prosper nach Venedig gekommen ist, weil diese Stadt ihn an seine Mutter erinnert. Ich habe immer noch das Gefühl, dass die beiden hier sind. Von dem Foto, das Sie uns geschickt haben, gibt es jetzt Plakate. Sie hängen bald überall und die Belohnung[2] ist hoch. Ich werde Bo in dieser schrecklichen Stadt finden. Man muss ihn vor seinem Bruder schützen!«

Da schüttelte Victor müde den Kopf. »Haben Sie es noch immer nicht verstanden?«, sagte er ungeduldig. »Die beiden sind nur weggelaufen, weil Sie Bo von seinem Bruder trennen wollten.«

»Wie reden Sie mit mir?«, rief Esther Hartlieb wütend.

»Verstehen Sie doch, sie wollen sich nicht trennen!«, rief Victor.

»Wir werden Bo einen Hund schenken«, antwortete Max Hartlieb. »Sie werden sehen, wie schnell Bo seinen großen Bruder vergisst.«

Victor drehte sich um und verließ das Zimmer. Sein Herz klopfte bis zum Hals. Er ging zu Fuß, um sich zu beruhigen. »Ich muss den Jungen erzählen, dass es bald Plakate mit ihrem Foto an jeder Ecke gibt«, dachte Victor. »Morgen früh gehe ich zum Kino.«

 Übungen

32 OHNE BO

Die Sacca della Misericordia ist eine Bucht, die aussieht als hätte das Meer ein Stück aus der Stadt herausgebissen. Nach einer langen Fahrt durch die Kanäle machte Riccio um Viertel vor eins Moscas

---

1 **Korfu:** eine griechische Insel im Mittelmeer
2 **die Belohnung:** ein Lohn (Geld) für den Finder

Boot am Ufer fest. Sie waren zu dritt: Mosca, Riccio und Prosper. Wespe und Bo waren im Kino geblieben.

Ida Spavento kam mit Scipio und einem Bootsführer in ihrem eigenen Boot. Es war breit und schwarz wie eine Gondel. Ida gab Prosper den Flügel, der in eine Decke gepackt war.

»Am besten Sie warten mit Ihrem Boot da, wo der Kanal in die Bucht fließt! Sonst kann der Conte Sie sehen«, riet Mosca.

»Selbstverständlich!«, sagte Ida. Sie war aufgeregt. »Ich habe ein Fernglas[1] mitgebracht. Und einen Vorschlag möchte ich noch machen. Wenn der Conte mit dem Flügel auf die Lagune hinausfährt, nehmen wir besser mein Boot.«

»Abgemacht!«, sagte Mosca. »Sobald er aus der Bucht rausfährt, kommen wir zu Ihnen zurück und folgen ihm mit dem Motorboot.«

»So machen wir es. Wunderbar!«, seufzte Ida. »Ein Abenteuer!«

»Kommt der mit?« Riccio zeigte auf Idas Bootsführer. Mosca und er hatten den Ehemann von Idas Haushälterin sofort erkannt.

»Giaco kann besser mit dem Boot umgehen als ich«, erklärte Ida.

»Scipio muss mit uns ins Boot«, sagte Prosper. »Der Conte würde sich sonst wundern, wenn er nicht dabei wäre.«

Die Kirchturmuhr schlug eins, als sie hinaus auf die Sacca della Misericordia ruderten[2].

 Übungen

33 DIE INSEL

Der Conte wartete schon – in einem Segelboot[3]. Die Lampen leuchteten hell und hinten hing eine rote Laterne.

Prosper hielt den Flügel ganz fest. Der kalte Wind war fast weg und Moscas Boot bewegte sich ruhig über das glatte Wasser.

Der Conte stand hinten in seinem Boot, in einem grauen, weiten Mantel. Prosper hatte sich ihn älter vorgestellt. Sein Haar war weiß,

---

1 **das Fernglas:** damit kann man Dinge in der Ferne vergrößert sehen
2 **rudern:** ein Boot mit langen Stangen, die vorn breit sind, durch das Wasser bewegen
3 **das Segelboot:** ein Boot, das sich durch die Kraft des Windes fortbewegt

aber er sah kräftig aus. Hinter ihm stand noch jemand, kleiner und schmaler als er, in schwarzer Kleidung. Das Gesicht konnte man nicht sehen, weil die Person eine Kapuze[1] trug. Die Person warf Prosper ein Seil[2] zu.

»*Salve*[3]!«, rief der Conte mit rauer Stimme. »Euch ist sicher auch kalt, also lasst uns das Geschäft schnell erledigen.«

Prosper reichte Scipio den Flügel und der gab ihn dem Conte. Der griff schnell danach. Dabei sah er aus wie ein kleiner Junge, der endlich sein Geschenk in den Armen hält. Ungeduldig schlug er die Decke auseinander.

»Das ist er!«, hörte Prosper den Conte flüstern. »Morosina, sieh ihn dir an.« Sein Begleiter schob die Kapuze zurück. Die Jungen sahen erstaunt, dass es eine ältere Frau mit grauem Haar war. »Ja, er ist es«, hörte Prosper sie sagen. »Geben wir ihnen ihren Lohn.«

Ohne ein Wort reichte die Frau Scipio eine alte Tasche. »Hier, nimm!«, sagte sie. »Und benutz das Geld, um dir einen anderen Beruf zu suchen. Wie alt bist du? Elf, zwölf?«

»Mit dem Geld bin ich erwachsen«, antwortete Scipio, nahm die schwere Tasche und stellte sie zwischen sich und Mosca ins Boot.

»Hast du das gehört, Renzo?« Die Frau lächelte spöttisch. »Erwachsen will er sein. So verschieden sind die Wünsche.«

»Willst du das Geld noch nachzählen, Herr der Diebe?«

Scipio öffnete die Tasche, Mosca nahm ein Geldpäckchen und begann die Scheine zu zählen. Neugierig sah Prosper über seine Schulter. Selbst Riccio vergaß seine Angst vor dem Wasser. Scipio hielt einen Schein vor seine Taschenlampe, zählte die Päckchen und nickte zufrieden. »Scheint alles da zu sein«, rief er.

»*Buon ritorno*[4] und viel Glück für die Zukunft«, sagte der Conte. Schnell ruderten die Jungen zum Kanal. Als sie Idas Boot erreichten, stiegen die vier schnell um.

»Nun erzählt schon, ist alles gut gegangen?«, fragte Ida.

---

1 **die Kapuze:** eine Art Mütze, die an einem Kleidungsstück (z. B. Jacke) festgenäht ist
2 **das Seil:** eine sehr dicke Schnur
3 **salve:** (italienisch / latein): »Sei gegrüßt«
4 **buon ritorno:** (italienisch) gute Rückkehr!

»Alles klar, das Geld haben wir und er hat den Flügel«, sagte Scipio und nahm die Tasche mit dem Geld zwischen die Beine. »Eine Frau war bei ihm. Und ja, er segelt auf die Lagune.«

Giaco hatte den Motor gestartet und fuhr auf die Bucht hinaus.

die Lagune

Bald schon lag die Stadt hinter ihnen. Da war nur Nacht und Wasser. Wespe hatte ihnen im Kino oft unheimliche Geschichten über die vielen Inseln vorgelesen. Hier im Dunkeln auf dem Wasser war ihnen nicht wohl, wenn sie an diese Geschichten dachten.

Immer weiter fuhren sie und alle waren müde. Da sagte Riccio plötzlich: »Seht, er will auf die Insel da! Welche ist das, Signora?«

Ida Spavento nahm das Fernglas. Prosper erkannte auch ohne Fernglas zwei Laternen am Ufer, eine hohe Mauer und ein Haus.

»Das ist die Isola Segreta, die Geheime Insel.« Idas Stimme klang erschrocken. »Giaco, nicht näher! Mach den Motor und die Lampen aus.«

Plötzlich war es ganz still. Aus der Ferne hörte Prosper Stimmen.

Ida flüsterte: »Die Familie Vallaresso lebte früher da. Auf der Insel sollen schlimme Dinge passiert sein … «

Jetzt hörte man mehrere, große Hunde bellen[1].

»Reicht es Ihnen jetzt nicht, Signora?«, fragte Riccio ängstlich.

»Sagen Sie Giaco, dass er uns nach Hause fahren soll.«

Aber Ida schaute weiter durch ihr Fernglas. »Sie gehen an Land«, sagte sie. »Aha, so sieht euer Conte aus. Und neben ihm ist die Frau. Wer sind sie? Gibt es doch noch Vallaresso auf der Insel?«

»Da ist eine steinerne Treppe, die vom Ufer zu einem Tor in der Mauer führt«, flüsterte Scipio.

Ida sagte: »Jetzt öffnen sie das Tor. Oh, die Hunde sind groß.«

Auch ohne Fernglas sahen sie zwei riesige weiße Doggen[2]. Plötzlich bellten die Hunde so laut und wütend, dass Ida erschrocken

---

1 **bellen:** laute Geräusche, die Hunde produzieren; kurz und oft hintereinander
2 **die Doggen (Sg. die Dogge):** Hunderasse, die sehr groß ist

64

das Fernglas ins Wasser fallen ließ. Giaco sagte ruhig: »Die haben uns gehört und sehen in unsere Richtung!«

»Tut mir wirklich leid!«, flüsterte Ida. »Schnell! Geht mit den Köpfen runter! Ich glaub, die Frau hat ein Gewehr!«

Die Doggen auf der Insel bellten immer aufgeregter. Man hörte eine Frauenstimme, laut und ärgerlich. Dann fiel ein Schuss[1]. Prosper zog Scipio nach unten. Riccio weinte.

»Giaco!« Idas Stimme klang scharf. »Dreh um! Sofort!«

Ohne ein Wort startete Giaco den Motor.

»Und was ist mit dem Karussell?«, wollte Prosper wissen.

»Das Karussell kann Tote nicht lebendig[2] machen!«, rief Ida.

Enttäuschung und Angst sah man auf allen Gesichtern, als sie sich von der Insel entfernten. Aber sie waren auch erleichtert.

»Das war knapp!«, sagte Ida. »Tut mir leid, dass ich euch zu diesem Blödsinn überredet habe.«

»Egal«, meinte Mosca und begann mit Riccio das Geld zu zählen.

»Scheint zu stimmen«, sagte Mosca, als sie die Bucht erreichten.

»Gut.« Ida seufzte. »Dann bringe ich euch jetzt zu eurem Boot. Einen warmen Platz zum Schlafen habt ihr ja hoffentlich. Grüß den Kleinen von mir, Prosper, und das Mädchen. Ich …«

Riccio unterbrach sie: »Scipio hat ein anderes Ziel. Vielleicht können Sie den nach Hause fahren.«

»Ja, natürlich.« Ida drehte sich zu Scipio um. »Wohin willst du?«

»Fondamenta Bollani«, sagte Scipio leise. »Geht das?«

Prosper erinnerte sich an seine Wut und Enttäuschung, als er entdeckt hatte, dass Scipio sie belogen hatte. Aber nun sah er nur Scipios blasses Gesicht und dass er versuchte nicht zu weinen.

Als sie in den Kanal fuhren, begann es wieder zu schneien.

»*Buona notte*[3]!«, sagte Ida, als die drei in ihr Boot kletterten. »Kommt mich mal besuchen, aber wartet damit nicht, bis ihr erwachsen seid. Und wenn ihr Hilfe braucht – ich weiß, ihr seid jetzt reich, doch man weiß ja nie – dann denkt an mich.«

---

1 **der Schuss:** hört man, wenn jemand mit dem Gewehr schießt
2 **lebendig:** das Gegenteil von tot
3 **buona notte:** (italienisch) gute Nacht!

Die Jungen sahen sich verlegen an. »Danke!«, murmelte Mosca
und nahm die Tasche des Conte. »Das ist wirklich nett.«

Prosper drehte sich noch einmal zu Scipio um. »Du kannst dir
natürlich jederzeit deinen Teil abholen, Scip«, sagte er.

»Mach ich«, antwortete Scipio und sah Prosper an. »Grüß Wespe
und Bo von mir.« Dann drehte er ihm schnell den Rücken zu.

 Übungen

34 NUR EIN ZETTEL

»Brr, ist das kalt!«, flüsterte Riccio, als sie endlich vor dem Kino
standen. Die Tür war nicht verschlossen. Im Saal brannten Kerzen.
Riccio schaute über den Bücherturm auf Wespes Matratze – und
drehte sich erschrocken um. »Hier sind sie nicht!«

»Was soll das heißen?« Prosper spürte, wie sein Herz wild klopfte.
Riccio fand einen Zettel von Wespe. Prosper las vor: »*Vor dem
Haupteingang ist jemand. Vielleicht Polizei. Wir nehmen den
Fluchtweg. Kommt zum Treffpunkt für Notfälle. Wespe.*«

Prosper starrte den Zettel an und Riccio schrie: »Ich wusste es! Wie
konntet ihr diesem Schnüffler vertrauen? Er hat uns verraten!«

Prosper glaubte es zwar nicht, aber nur Victor kannte das Versteck.

»Was suchst du?«, fragte Mosca. Prosper antwortete nicht. Aber als
er aufstand, hatte er Victors Pistole in der Hand.

»Tu das Ding weg, Prop!«, sagte Mosca. »Willst du den Schnüffler
erschießen? Wir wissen doch nicht, ob er uns verraten hat.«

»Wer sonst?« Prosper steckte die Pistole ein. »Wenn ich ihm seine
Pistole unter die Nase halte, sagt er mir schon, ob er es war.«

»Blödsinn!«, rief Mosca. »Jetzt gehen wir zuerst zum Treffpunkt.«

»Wo ist der?« Prosper hatte das Gefühl, dass er zusammenbricht.

»Es ist der *Cagalibri*[1], auf dem Campo Morosini«, antwortete
Mosca. »Wir nehmen nur das Geld mit, den Rest holen wir später.«

---

1 **Cagalibri / der Bücherscheißer:** Der Mann vom Denkmal hat hinten unter seinem langen
Mantel einen Bücherturm. Es sieht aus wie Kot, umgangssprachlich: Scheiße.

Sie rannten zum Denkmal. Wespe und Bo waren nicht da. Prosper rannte weiter. Mosca und Riccio folgten ihm.

 Übungen

35 VATER UND SOHN

Scipio stieg früher aus Idas Boot aus. Er wollte noch ein paar Schritte gehen. Mit dem Finger malte er einen Flügel in den Schnee. Als er den Kopf hob, sah er ein Polizeiboot beim Haus seiner Eltern stehen. Erschrocken stand Scipio auf, ging zum Haus und schlich zur Treppe. Er hatte gerade den Fuß auf der ersten Stufe, als er oben Stimmen hörte. Scipio hob den Kopf: Zwei Cara- 10 binieri kamen die Treppe herunter, mit Wespe. Sie sah so klein und schmal aus. Dottor Massimo stand oben an der Treppe. Als er Scipio entdeckte, verschwand sein Lächeln. Er sah ihn ungeduldig, unzufrieden und ärgerlich an.

»Meine Herren!«, rief er. »Sie sehen, es hat sich erledigt. Mein Sohn 15 hat doch beschlossen nach Hause zu kommen, wenn auch zu sehr unpassender Zeit. Vielen Dank für Ihre Mühe. Das beweist ja wohl, dass er mit den Kindern im STELLA nichts zu tun hat.«

Scipio biss sich auf die Lippen und sah zu Wespe hoch.

»Kennst du den Jungen?«, fragte einer der Polizisten. Wespe schüt- 20 telte den Kopf.

»Wo wollen Sie mit ihr hin?«, rief Scipio.

Ein Polizist lachte: »Oh, möchtest du sie beschützen?«

»Das Dienstmädchen hat mich von meiner Einladung zurückge- holt, Scipio!«, rief Dottor Massimo von oben herab. »Weil du um 25 Mitternacht nicht in deinem Bett warst und nach meiner Rückkehr ruft die Polizei hier an, weil im STELLA elternlose Kinder waren. Ich habe den Herren gleich erklärt, dass dein Verschwinden damit nichts zu tun hat. Wo warst du?«

Scipio versuchte, nicht zu Wespe hinaufzustarren. Sie sah verloren 30 aus, gar nicht wie die Wespe, über die er sich so oft geärgert hatte.

»Ich wollte mir bloß den Schnee ansehen«, murmelte er.

»Ja, der Schnee, der macht nicht nur die Kinder verrückt!«, sagte einer der Polizisten. Der andere schob Wespe die Treppe hinunter. »Lassen Sie mich los!«, knurrte Wespe. Sie sprang die letzte Stufe hinunter und flüsterte Scipio zu: »Bo ist bei seiner Tante!«
»He, nicht so eilig«, schimpfte der Polizist und hielt Wespe fest.
»*Buona notte*, Dottor Massimo!«, riefen die Carabinieri.
Zögernd stieg Scipio die Treppe hinauf. Sein Vater sagte ganz ruhig: »Dass du mitten in der Nacht draußen herumläufst, hat Folgen. Deine Tür wird in den nächsten Nächten abgeschlossen!«
Dann meinte er: »Ich muss mir etwas mit diesem Kino einfallen lassen … Eine Bande Kinder und vermutlich Diebe. Unglaublich!«
Scipio spürte, wie ihm heiß und kalt wurde. »Du hast das Mädchen doch gesehen. Was wird aus ihr? Denkst du darüber nicht nach?«
Überrascht sah sein Vater ihn an. »Was regst du dich so auf? Kennst du das Mädchen etwa doch?«
Scipios schrie: »Nein! Muss ich sie kennen, damit sie mir leidtut?«
»Geh in dein Bett, Scipio«, antwortete sein Vater und gähnte[1].
»Bitte!«, murmelte Scipio. Die Tränen stiegen ihm in die Augen.
»Bitte, Vater, vielleicht kennst du jemanden, der das Mädchen zu sich nimmt, sie hat doch nichts getan, sie ist doch bloß allein …«
»Geh ins Bett, Scipio«, unterbrach ihn sein Vater.
»Du hörst mir nie zu! Du weißt ja überhaupt nicht, wer ich bin! Du hast ja keine Ahnung!«, schrie Scipio.
Aber da zog sein Vater schon seine Schlafzimmertür hinter sich zu.
Und Scipio stand da und weinte.

 Übungen

36 BESUCH FÜR VICTOR

Victor hatte die ganze Nacht im Schnee gestanden und einen Mann beobachtet. Er war so müde, dass er die drei Jungen vor dem Hauseingang erst bemerkte, als sie vor ihm standen. Der eine hielt ihm seine eigene Pistole vor die Nase.

---

1 **gähnen:** den Mund weit öffnen, wenn man müde ist

»Schließ auf!«, befahl der. Victor schob die Pistole einfach zur Seite. Dann zog er den Schlüssel aus der Tasche.

»Erklärt mir, was das soll!«, knurrte er, als er aufschloss.

»Bo und Wespe sind verschwunden«, sagte Mosca. »Prop und Riccio denken, dass du unser Versteck verraten hast.«

»Ich habe euch mein Ehrenwort gegeben, habt ihr das vergessen?«, schimpfte Victor. Er nahm Prosper die Pistole aus der Hand. »Von mir hat niemand etwas erfahren. Kommt mit rauf.«

Victor schob die drei in seine Wohnung.

»Jetzt sagt mir, wie das passieren konnte. Waren die zwei allein?« Sie setzten sich in die Küche und erzählten ihm alles.

»Wenn ich euch nicht kennen würde, kein Wort würde ich glauben!«, sagte Victor danach. »Dieser Signora Spavento sage ich mal, was ich von ihr halte! – Und da in der Tasche ist das Geld?« Zögernd stellte Mosca die Tasche auf den Küchentisch.

Victor hielt einen Schein gegen die Küchenlampe. »Da hat euch jemand betrogen!«, sagte er. »Das ist Falschgeld.«

Entsetzt sahen die Jungen sich an. »Falschgeld?« Riccio nahm den Geldschein und starrte ihn an. »Der sieht doch ganz echt aus.«

Victor untersuchte das Geld. »Alle falsch. Tut mir leid«, sagte er.

»Alles umsonst«, murmelte Riccio. Er war wütend.

»Und Wespe und Bo sind weg!«, sagte Mosca traurig.

»Genau. Darüber sollten wir zuerst nachdenken.« Seufzend ging Victor ins Büro. Die drei Jungen folgten ihm.

»Dein Anrufbeantworter leuchtet«, stellte Mosca fest. Victor hörte die Nachricht ab. Prosper erkannte sofort Esthers Stimme.

»Signor Getz, hier spricht Esther Hartlieb. Ihr Auftrag hat sich heute Nacht erledigt. Durch einen Hinweis konnten wir Bo endlich finden. Er hat sich in einem Kino versteckt, zusammen mit einem Mädchen. Bo ist natürlich noch durcheinander. Wo sein Bruder ist, sagt er nicht. Über ihre Bezahlung reden wir in den nächsten Tagen. Wir sind noch bis Anfang nächster Woche im *Sandwirth*.«

Prosper stand da, als wäre er zu Stein geworden. Victor wusste nicht, was er sagen sollte. Ihm fiel nichts ein.

»Was für ein Hinweis?«, fragte Riccio.

»Prospers Tante lässt überall Plakate aufhängen«, erklärte Victor. »Mit einem Foto von Prosper und Bo. Auf dem Plakat steht, dass es eine Belohnung gibt. Jemand hat euch wohl gesehen.«

Prosper murmelte: »Esther wird Bo nie nie wieder hergeben.« Verzweifelt schaute er Victor an. »Wo ist das *Sandwirth*?«

Mosca antwortete statt Victor: »An der Riva degli Schiavoni.«

»Aber was willst du da? Komm lieber mit uns ins Versteck. Wir müssen unsere Sachen holen, bevor die Polizei noch mal kommt. Victor kann in der Zeit vielleicht rauskriegen, wohin die Polizisten Wespe gebracht haben, oder?« Fragend sah er Victor an.

Er nickte. »Sicher, kein Problem. Sagt mir ihren richtigen Namen.«

»Den kennen wir nicht«, antwortete Riccio.

»In ein paar von ihren Büchern steht ein Name«, sagte Prosper. »Caterina Grimani. Bestimmt haben sie Wespe in ein Waisenhaus gebracht. Sie ist weg, genau wie Bo. Ich muss jetzt allein sein.«

»Warte!«, rief Riccio. »Wir könnten unser Zeug erst mal zu Ida Spavento bringen. Sie hat uns ihre Hilfe angeboten.«

»Mir ist alles egal«, sagte Prosper. Dann ging er.

 Übungen

37 ZUFLUCHT[1]

Idas Haushälterin öffnete, als Riccio klingelte. Sein Kopf war kaum zu sehen hinter dem großen Karton, den er trug.

»Ich kenne dich!«, knurrte die Haushälterin.

»Stimmt.« Riccio lächelte. »Aber jetzt will ich zu Ida Spavento.«

»So, so. Und was willst du von ihr?«, fragte sie.

Victor stand mit einem noch größeren Karton hinter Riccio und hatte Bos Kätzchen in den Manteltaschen. Alles, was die Kinder besaßen, passte in drei Pappkartons. Den dritten trug Mosca.

»Sagen Sie, Riccio und Mosca sind hier«, sagte Riccio. »… und sein Onkel«, ergänzte Victor.

---

1 **die Zuflucht:** ein Ort, an den man fliehen kann; wo man Sicherheit findet

Als die Haushälterin wiederkam, winkte sie die drei herein. Victor war neugierig auf Ida Spavento. »Sie ist ein bisschen verrückt, aber nett«, hatte Riccio ihm erzählt. Victor war sich da nicht so sicher. Mit Kindern nachts auf die Lagune hinauszufahren, um einem Mann zu folgen, der ihr die kleinen Diebe geschickt hatte – das klang nicht nett. Verrückt ja. Aber nett? Nein.

Doch als er Ida sah, wie sie in ihrem Wohnzimmer auf dem Teppich kniete, in dem viel zu großen Pullover, da mochte er sie. »Was für eine Überraschung!«, sagte sie, als die Jungen mit Victor eintraten. »So schnell habe ich euren Besuch nicht erwartet. Was ist in den Kartons und woher habt ihr plötzlich einen Onkel?«

»Wir haben ziemlichen Ärger, Ida«, sagte Mosca.

Ida sah die Kinder besorgt an. »Was ist passiert?«

»Jemand hat der Polizei unser Versteck verraten!«, sagte Mosca. »Und die Carabinieri haben Wespe und Bo mitgenommen!«

»Moment! Eine Frage: Hat die Polizei euch wegen eurer Diebstähle gesucht?«, fragte Ida.

»Nein!«, rief Mosca. »Nur wegen Bo. Weil seine Tante ihn gesucht hat. Aber Bo will doch bei Prosper bleiben. Deshalb sind die zwei weggelaufen. Wir haben sie bei uns versteckt. Und jetzt ist Bo bei seiner Tante, Prosper ist verzweifelt und Wespe haben sie ins Waisenhaus der Barmherzigen Schwestern gebracht …«

»… und der Conte hat uns Falschgeld gegeben«, ergänzte Riccio.

Ida ließ sich in den nächsten Sessel sinken. »Oje!«, murmelte sie.

Jetzt begann Victor mit Ida Spavento zu schimpfen.

»Victor, sei still«, murmelte Mosca.

Ida war rot geworden. »Ihr habt eurem Onkel alles erzählt?«, fragte sie. »Ich dachte, wir sind Freunde …«

»Er ist nicht unser Onkel«, erklärte Riccio. »Victor ist ein Detektiv. Er hilft uns und er hat rausgekriegt, wo Wespe ist.«

Ida sagte: »Was Wespe betrifft – da kann ich etwas machen. Ich hatte so ein ungutes Gefühl, seit wir bei dieser Insel waren, konnte nicht schlafen … Was ist mit Scipio?«

»Der weiß von dem Ärger noch gar nichts«, antwortete Mosca.

Ida schaute Victor gespannt an. »Gut. Was tun wir?«, fragte sie.

»Was, *wir*?«, murmelte er unsicher. »Gar nichts können wir tun. Höchstens verhindern, dass Prosper sich ins Wasser stürzt. Es geht eben nicht gut, wenn Kinder allein zurechtkommen wollen.«

»Im Waisenhaus kommen sie meist auch nicht gut zurecht!«, sagte Ida. »Die Kinder brauchen Hilfe, Signor …?«

Riccio verriet Ida Victors Vor- und Nachnamen.

»Lucia, meine Haushälterin, gibt euch etwas zu essen. Dann bringt ihr eure Sachen nach oben. Unter dem Dach ist noch ein leeres Zimmer. Nur was machen wir wegen Prosper und dem Kleinen?«

»An Bo kommen wir nicht heran«, antwortete Victor. »Keine Chance. Seine Tante hat das Sorgerecht. Und auf Prosper sollten wir aufpassen. Er war ziemlich verzweifelt, als wir ihn zuletzt gesehen haben. – Riccio, meinst du, du findest Prosper?«

Riccio sagte: »Ja klar! Und dann bring ich ihn her.«

Ida nickte. »Mosca, ich weiß nicht, was für einen Streit ihr mit Scipio habt, aber ruf ihn bitte an und erzähl ihm, was passiert ist.«

Mosca stimmte zu. »Soll ich ihm auch vom Falschgeld erzählen?«

»Irgendwann muss er es erfahren, oder?«, sagte Ida. »Jetzt zu uns«, sie stieß Victor den Finger vor die Brust, »wie wäre es, wenn wir zwei jetzt das arme Mädchen aus dem Waisenhaus holen, Victor oder Signor Getz, was immer Ihnen lieber ist?«

»Victor reicht«, knurrte Victor. »Aber ist das so einfach?«

Ida lächelte. »Oh, ich habe da so meine Beziehungen«, sagte sie.

 Übungen

38 DAS WAISENHAUS

Wespe saß auf dem Bett und schaute die weißen Wände an. Sie schloss die Augen, um einen anderen Raum zu sehen: einen Vorhang voller Sterne, eine Matratze mit Büchertürmen … Sie erinnerte sich an die Stimmen von Mosca, Riccio, Scipio, Prosper und Bo. Wespe stellte sich vor, sie würde Bos kleine, runde Hand halten. Sie fragte sich auch, ob es Bo bei seiner Tante gut geht und was mit den anderen ist.

Wespe stand auf und ging ans Fenster, durch das man auf den Hof sehen konnte. Sie sah zwei Erwachsene durch das große Eingangstor kommen, eine Frau mit einem schwarzen Hut und einen Mann mit Bart. Die Nonne[1] mit der lauten Stimme führte die beiden auf das Haupthaus zu.

Die Tür ging auf und die Nonne steckte den Kopf herein. »Caterina?« Wespe erschrak. Woher kannte sie ihren Namen?

»Aha, das scheint also wirklich dein Name zu sein. Gut, komm bitte mal mit, es möchte dich jemand sehen! Warum hast du nicht erzählt, wer deine Tante ist?«, schimpfte die Schwester. »So eine berühmte Dame. Sie hat schon so viel für das Waisenhaus getan.«

Berühmt? Tante? Wespe verstand gar nichts mehr.

»Komm Caterina! Lass sie nicht warten«, sagte die Nonne.

Dann sah Wespe Ida. Mit dem Hut hätte sie sie fast nicht erkannt.

»Sie hatten recht, Signora Spavento!«, rief die Schwester. »Sie heißt Caterina. Das ist sie doch, oder?«

Leicht wie Luft fühlte Wespe sich. Sie wollte Ida umarmen. Aber sie war vorsichtig. Und so lächelte sie nur.

»Ja, das ist sie. *Cara*[2]!« Ida drückte Wespe fest an sich.

»Hallo, Wespe«, sagte der Mann. Wespe sah ihm ins Gesicht. Es war Victor mit einem neuen Bart. Bos Freund. Und ihrer.

»Das ist mein Anwalt, *cara*«, erklärte Ida.

»*Buon giorno*«, murmelte Wespe und lächelte Victor an.

Wespe hörte zu, wie Ida der Nonne wunderbare Lügen über ihre Familie erzählte. Der Nonne standen Tränen in den Augen.

»Kann ich Caterina gleich mitnehmen?«, fragte Ida.

»Aber natürlich, Signora Spavento«, antwortete die Schwester. »Wir sind so froh, dass wir Ihnen auch einmal helfen können, nach all ihren Spenden[3] für unser Waisenhaus.«

Ida sah Wespes neugierigen Blick. »Grüßen Sie bitte alle Schwestern und schicken Sie mir die Papiere nach Hause.«

»Natürlich!« Die Schwester eilte zur Tür und hielt sie für Ida auf.

---

1 **die Nonne:** religiöse Schwester, die in einer Glaubensgemeinschaft lebt
2 **cara:** (italienisch) mein Schatz! meine Liebe!
3 **die Spenden:** Geld für einen guten Zweck geben

Wespe klopfte das Herz bis zum Hals, als sie über den Hof und durch das hohe Eingangstor gingen. Sie lief zum Kanal und atmete tief und befreit ein. Aber dann dachte sie an Bo und fragte Ida und Victor besorgt: »Was ist mit Bo und den anderen?«

Victor nahm den falschen Bart ab. »Mosca und Riccio sind bei Ida«, sagte er. »Aber Bo ist noch bei seiner Tante.«

»Und Prosper?«, fragte Wespe.

»Den sucht Riccio«, antwortete Victor. »Mach nicht so ein Gesicht. Er wird ihn schon finden.«

 Übungen

39 PROSPER

Riccio fand Prosper vor dem *Gabrielli Sandwirth*. Er sah zu den Fenstern des Hotels hinauf. Als Riccio ihm die Hand auf die Schulter legte, drehte er sich erschrocken um.

»He, Prop, da bist du ja!«, sagte Riccio erleichtert.

Prosper berichtete: »Ich bin ihnen den ganzen Tag hinterhergelaufen, ohne dass sie es gemerkt haben. Sie haben Bo was zum Anziehen gekauft. Sogar zum Frisör musste er. Dann sind sie von einem Café zum nächsten gewandert, doch Bo hat nichts gegessen oder getrunken. Er hat einfach nur über ihre Köpfe weggestarrt. Einmal hat er mich, glaub ich, entdeckt und wollte losrennen, aber mein Onkel hat ihn genommen wie einen kleinen Hund und wieder auf den Stuhl gesetzt. Sie sind jetzt dadrin«, erklärte er und zeigte hinauf zu den Fenstern. »Irgendwann bin ich ins Hotel gegangen und habe gefragt, in welchem Zimmer Esther wohnt. Die Antwort war: Die Hartliebs sind nicht zu sprechen.«

»Komm jetzt!«, sagte Riccio. »Victor hat uns geholfen, unsere Sachen zu Ida zu bringen. Sie hat uns sofort aufgenommen! Sogar ein eigenes Zimmer haben wir, mit zwei Betten! Komm, es gibt auch bald was zu essen.« Er griff nach Prospers Arm.

»Nein!«, sagte Prosper und machte sich los. »Ich bleib hier.«

Riccio seufzte. »Prop!«, sagte er. »Was meinst du, was die im Hotel mit dir machen, wenn du hier mitten in der Nacht stehst? Die holen die Carabinieri. Und was erzählst du denen?«

»Geh weg, Riccio«, sagte Prosper und schaute weiter auf die Hotelfenster. »Alles ist kaputt. Wir haben kein Versteck mehr, Wespe ist weg und Bo ist bei Esther.«

»Wespe ist nicht weg!«, rief Riccio. »Ida und der Schnüffler haben sie rausgeholt aus dem Waisenhaus!«

»Ida und Victor?« Ungläubig sah Prosper ihn an.

»Ja, und weißt du, sie hatten richtig Spaß dabei.« Riccio kicherte.

»Das ist wirklich eine gute Nachricht.« Prosper schaute wieder zu den Fenstern hoch. »Grüß Wespe von mir. Geht es ihr gut?«

»Nein, weil sie sich wegen dir Sorgen macht. Um Bo auch, aber der wird wohl nicht in die Lagune springen«, knurrte Riccio.

»Glaubt sie, dass ich das vorhabe? Blödsinn!«

»Sag ihr das selbst! Morgen kannst du dich wieder hier hinstellen, aber jetzt kommst du mit.«

Prosper ließ sich von Riccio mitziehen. »Komm schon. Wenn Ida und Victor es geschafft haben, Wespe zu holen«, sagte Riccio, »dann schaffen sie es auch bei Bo! Außerdem sitzt Bo nicht im Gefängnis. Das ist das *Sandwirth*. Ein teures Hotel.«

Prosper nickte nur. Er fühlte sich so leer.

 Übungen

40 ALLES VERLOREN

An diesem Abend gab es in Idas Haus ein Fest. Den ganzen Nachmittag hatte Lucia gekocht, gebraten und gebacken. Prosper und Wespe deckten[1] den Tisch im Esszimmer, während Mosca und Riccio durch das Haus rannten. Die beiden waren so glücklich, sie schienen sich nicht einmal mehr darüber zu ärgern, dass der Conte sie betrogen hatte. Victor saß auf dem Sofa, aß Pralinen und

---

1 **den Tisch decken:** Geschirr, Gläser, Messer, Gabeln … auf den Tisch stellen / legen

versuchte, sich zu überreden nach Hause zu gehen. Aber wenn er
aufstehen wollte, brachte Ida ihm einen *caffè*[1] und Victor blieb.

Draußen wurde es dunkel und in Idas Haus leuchteten überall
Kerzen. Wespe tanzte lachend um Prosper herum. Aber selbst ihre
fröhliche Stimmung half nicht, Prosper blieb traurig. Bo war nicht
da. Und er fehlte Prosper, wie ihm ein Arm oder ein Bein gefehlt
hätte. Es tat ihm leid, dass er nicht fröhlich sein konnte. Als die
anderen mit Ida und Victor Karten spielten, ging er nach oben.

Ida hatte zwei Luftmatratzen[2] besorgt. Wespe hatte eine davon an
die Wand geschoben und alle ihre Bücher drum herum gestellt.
Prosper zog die zweite Luftmatratze unter das Fenster, durch das
man den Kanal sehen konnte. Alles war verloren. Die gute Zeit war
vorbei. Um elf gingen die anderen zu Bett und Victor nach Hause.
Prosper schlief noch nicht, aber er tat so.

Sobald alle schliefen, stand er auf und ging hinaus in den Garten.
Es war so kalt draußen.

Dort, wo Idas Grundstück an den Kanal grenzte, war ein Tor in der
Mauer, direkt über dem Wasser. Idas Boot bewegte sich im Wasser.
Vorsichtig kletterte Prosper in das Boot, setzte sich auf die kalte
Bank und starrte zum Mond hinauf. »Was soll ich tun?«, dachte
er. Aber der Mond antwortete nicht. Fast jede Geschichte seiner
Mutter handelte vom Mond. In Venedig war der Mond eine Frau,
la bella luna[3]. Bo hatte das sehr gefallen. Prosper weinte.

Als ein Motorboot kam, machte er sich klein und wartete darauf,
dass es vorbeifuhr. Aber es fuhr nicht vorbei. Der Motor war aus
und Prosper hörte jemanden schimpfen. Dann stieß etwas gegen
Idas Boot. Erschrocken schaute Prosper über den Bootsrand.
Scipio schob die dunkle Maske hoch und lächelte erleichtert.

»Na, so was!«, sagte der Herr der Diebe. »Zu dir wollte ich!«

»Wieso? Und wo hast du das schöne Boot her?« fragte Prosper.

»Gehört meinem Vater«, antwortete Scipio.

»Woher weißt du, dass wir hier sind?«, fragte Prosper.

---

1 **caffè:** (italienisch) der Kaffee
2 **die Luftmatratzen (Sg. die Luftmatratze):** eine Matratze aus Kunststoff, in der Luft ist
3 **»la bella luna«:** (italienisch) »der schöne Mond«

»Mosca hat mich angerufen. Er hat mir alles erzählt. Tut mir leid mit Bo«, sagte Scipio und schwieg eine Weile.

»Prop?« Scipio räusperte sich. »Ich fahr noch mal raus zur Isola Segreta. Der Conte hat uns betrogen! Entweder er gibt mir echtes Geld, oder er lässt mich auf dem Karussell fahren. Komm mit!«

Prosper schüttelte den Kopf. »Glaubst du an die Geschichte? Vergiss es! Auch das Geld. Wir haben uns betrügen lassen. Pech.«

Scipio sah ihn an. »Ich will auf diesem Karussell fahren und wenn der Conte mich nicht lässt, dann hol ich mir den Flügel zurück. Komm mit, Prop! Was hast du zu verlieren, jetzt wo Bo weg ist?«

Prosper sah seine Kinderhände an. Er dachte an den herablassenden Blick, mit dem sie ihn im *Gabrielli Sandwirth* gemustert hatten. Und plötzlich wünschte Prosper sich, dass Scipio recht hatte. Dass dort draußen auf dieser unheimlichen Insel etwas auf sie wartete, das aus klein groß und aus schwach stark machte. Ohne ein weiteres Wort sprang er hinüber in Scipios Boot.

 Übungen

41 DIE ISOLA SEGRETA

Es war eine dunkle, kalte Nacht. Immer wieder verschwand der Mond hinter den Wolken. Endlich sahen sie die Mauer der Isola Segreta. Am Ufer lag das Boot des Conte und die Hunde bellten.

»Wie willst du an den Doggen vorbeikommen?«, flüsterte Prosper. Scipio antwortete leise: »Wir versuchen es auf der Rückseite.«

Er fuhr mit dem Boot am Ufer entlang und suchte eine Öffnung in der Mauer, aber es gab keine. »Wir klettern rüber!«, flüsterte er. Als die Jungen oben auf der Mauer saßen, lag vor ihnen ein riesiger, wilder Garten. Sie sahen kein Karussell, nur das große Haus. Unten im Garten wussten sie nicht, wohin sie gehen sollten.

»Das Karussell muss hinter dem Haus stehen«, flüsterte Scipio.

»Komm, wir versuchen es mit dem Weg da!«

Überall gab es Steinfiguren. Bald hatten sie sich verirrt.

»Willst du mal vorgehen, Prop?«, fragte Scipio, als sie ihre eigenen Spuren im Schnee sahen. Aber er antwortete nicht, weil er etwas hinter sich gehört hatte. Langsam drehten sich Prosper und Scipio um. Die Jungen vergaßen fast zu atmen. Da standen sie. Ganz nah! Zwei riesige, weiße Doggen. Knurrend kamen sie näher und zeigten ihre schrecklichen Zähne.

»Bimba! Bella! *Basta!*«, rief eine Stimme hinter ihnen. Die Hunde hörten auf zu knurren und liefen an Prosper und Scipio vorbei. Verwirrt drehten die Jungen sich wieder um und schauten in das Licht einer Taschenlampe. Ein Mädchen, acht oder neun Jahre alt, stand auf dem Weg. Die Doggen reichten ihr bis zur Schulter.

»Was sucht ihr hier? Wisst ihr nicht, was mit Leuten passiert, die sich auf die Isola Segreta schleichen?«, fragte sie.

»Wir wollen zum Conte«, antwortete Scipio.

»Zum Conte. So, so. Macht ihr eure Besuche immer nach Mitternacht?« Das Mädchen leuchtete Scipio ins Gesicht. »Der Conte mag keine Besucher, die heimlich auf die Insel schleichen.«

»Der Conte hat uns betrogen!«, rief Scipio. »Und das akzeptieren wir nur, wenn er uns auf dem Karussell fahren lässt.«

»Ein Karussell?« Das Mädchen schaute noch feindseliger. »Ich weiß nicht, wovon du redest.«

»Wir wissen, dass es hier ist! Zeig es uns!« Scipio machte einen Schritt auf sie zu, doch die Doggen zeigten sofort die Zähne.

»Los, geht, dort entlang!«, befahl das Mädchen.

»Komm schon, Scip«, sagte Prosper und griff nach Scipios Arm. Die Hunde waren so nah hinter ihnen, dass sie ihren Atem spürten. Sie gingen zum Haus. Selbst im Mondlicht, wirkte es verfallen[1]. Eine breite Treppe führte zum Eingang hinauf.

»O nein – nicht dort hinauf!«, sagte das Mädchen, als Scipio auf die Treppe zuging. »Ihr verbringt die Nacht im alten Pferdestall[2].« Ungeduldig zeigte sie auf ein flaches Gebäude.

»Ich will jetzt den Conte sprechen«, sagte Scipio.

»Ihr sprecht heute Nacht mit niemandem mehr«, sagte das Mädchen mit scharfer Stimme und öffnete die Stalltür. »Da rein, die Herren!« Im Stall war es völlig dunkel und es stank fürchterlich.

---

1 **verfallen:** das Haus fällt zusammen, ist kaputt; man müsste es reparieren
2 **der Pferdestall:** ein Gebäude für Tiere z. B. auf dem Bauernhof; hier: für Pferde

»Komm schon, Scip«, sagte Prosper.

Ein paar Ratten rannten weg, als das Mädchen mit der Taschenlampe hinter ihnen herleuchtete. »Irgendwo liegen alte Säcke«, sagte sie. »Die müssen als Betten genügen. Die Hunde bleiben vor dem Stall. *Buona notte!*« Dann schloss sie die Tür.

»Er muss uns darauf fahren lassen!«, sagte Scipio irgendwann in die Stille hinein. »Schon, weil er uns ausgetrickst hat.«

Prosper versuchte nicht daran zu denken, was der Conte mit ihnen alles machen könnte. Und dann musste er plötzlich wieder an Bo denken. Er fragte sich, ob er seinen kleinen Bruder jemals wiedersehen würde. Die Nacht dauerte ewig und die Gedanken von Prosper und Scipio waren bald schwärzer als der stinkende Stall.

 Übungen

42 EIN ANRUF IN DER NACHT

Nach Mitternacht klingelte Victors Telefon solange, bis er schimpfend von seinem Bett ins Büro schlich.

»Wer ist da?«, knurrte er in den Hörer.

»Er ist schon wieder weggelaufen!« Esther Hartliebs Stimme klang atemlos. »Aber das sage ich Ihnen, diesmal nehmen wir ihn nicht zurück! Die Tischdecke hat er vom Tisch gezogen, im vornehmsten Restaurant der Stadt. Und als wir mit Nudeln auf dem Schoß[1] dasaßen, ist er davongerannt!« Esther weinte. »Man hat uns aus dem Hotel geworfen, weil er so geschrien hat. Meinen Mann hat er gebissen, hat Löcher in die Vorhänge geschnitten, Kaffee vom Balkon gegossen …« Esther Hartlieb bekam kaum Luft. »Wir fliegen am Montag nach Hause zurück. Falls die Polizei meine Neffen findet, dann lassen Sie sie bitte in unserem Namen ins Waisenhaus bringen! Signor Getz?«

»Wann ist der Junge weggelaufen? Und sucht ihr Mann nach Bo?«, fragte Victor.

---

1 **der Schoß:** die Fläche der Beine, wenn man sitzt; Kinder sitzen oft auf dem Schoß

»Vor einigen Stunden«, schrie Esther, »und glauben Sie, wir suchen ihn nach all dem, was er gemacht hat?«

Victor legte einfach den Hörer auf. Vor einigen Stunden!!! Draußen war es extrem kalt. Es gab nur einen Ort, an dem Bo sein konnte.

Bo wusste ja nicht, dass alle bei Ida waren.

Als Victor endlich vor dem alten Kino stand, war er durchgefroren.

Im dunklen Kinosaal hörte er ein leises Weinen. »Bo?«, rief er. »Bo, ich bin es, Victor. Komm zu mir.«

»Ich geh nicht zu ihr zurück!«, hörte Victor Bos verweinte Stimme.

»Ich will nur zu Prosper.«

»Du musst nicht zurück.« Victor leuchtete mit der Taschenlampe die Sitze entlang, bis das Licht auf blonde Haare fiel.

Bo weinte. »Meine Katzen sind weg. Und Wespe.«

»Niemand ist weg«, sagte Victor. Sie sind bei Ida: Wespe, Prosper, Riccio, Mosca und deine Katzen.« Er nahm Bo auf den Schoß.

»Weißt du, dass sie deine Tante und deinen Onkel wegen dir aus dem Hotel geworfen haben?«, fragte Victor.

»Echt? Ich war so wütend.«

»So, so.« Victor gab Bo ein Taschentuch.

»Mir ist kalt«, murmelte Bo. »Bringst du mich zu Prosper?«

»Ja, dann komm«, sagte Victor. Aber Bo blieb stehen.

»Der Vorhang«, sagte er plötzlich, »er liegt auf dem Boden.«

Victor schnitt ein großes Stück Stoff mit seinem Messer ab. »Hier«, sagte er zu Bo, »als Erinnerung.«

»Ist Scipio auch bei Ida?«, fragte Bo, als sie rausgingen.

»Nein«, antwortete Victor und nahm ihn auf den Arm. »Der ist zu Hause. Deine Freunde haben sich sehr über ihn geärgert.«

»Aber sein Vater ist gemein«, murmelte Bo. »Du bist viel netter.«

Bo gähnte und schon schlief er ein. Victor trug ihn durch die menschenleeren Gassen bis zu Ida Spaventos Haus.

 Übungen

43 IN SICHERHEIT

Ida öffnete Victor die Tür, ihre Augen waren müde. Hinter Ida standen Wespe, Mosca und Riccio. Alle starrten Victor an.

»Was ist denn hier los?«, flüsterte er, als er an ihnen vorbeiging.

»Das ist ja Bo!«, rief Wespe.

»Ja, das ist Bo«, knurrte Victor, »und er ist schwer, also seid so nett und zeigt mir, wo ich ihn hinlegen kann?«

Ida ging mit Victor hoch zu dem Zimmer, in dem die Kinder ihre Betten hatten. Mit einem Seufzer legte Victor Bo ab. Draußen vor der Tür warteten mit großen Augen Mosca, Riccio und Wespe. Erst da merkte Victor, dass jemand fehlte. »Wo ist Prosper?«

»Deshalb sind wir alle schon auf«, antwortete Ida leise. »Vor einer Stunde hat Caterina mich geweckt, weil er nicht im Bett war.«

Wespe nickte. »Wir haben ihn überall gesucht«, flüsterte sie.

»Kommt«, sagte Ida. »Victor hat bestimmt viel zu erzählen.«

Im *salotto* machten sie den Kamin[1] an und als alle vor dem Feuer saßen, erzählte Victor genau, was passiert war.

»Was heißt das: Sie will ihn nicht zurückhaben?« Ida war wütend. »Was denkt diese Esther denn? Ist das Kind ein Schuh, den sie anprobiert und wegwirft, weil er ihr nicht passt?«

»Ich weiß nicht, was diese Esther Hartlieb denkt!«, knurrte Victor. Ärgerlich sah er die Kinder an. »Konntet ihr nicht auf Prosper aufpassen? Ihr habt doch gemerkt, wie durcheinander er war.«

Wespe fing an zu weinen.

»Schluss jetzt«, sagte Ida und nahm sie in den Arm. »Was tun wir? Wo suchen wir Prosper? Hat irgendwer eine Idee?«

»Wahrscheinlich steht er wieder vorm *Sandwirth*«, sagte Mosca.

Victor rief im Hotel an und fragte, ob ein Junge draußen vor dem Hotel ist. Es war keiner da. Victor war ratlos. »Ich brauch jetzt ein, zwei Stunden Schlaf«, sagte er.

Alle legten sich noch mal hin, aber niemand schlief schnell ein. Nur Bo schlief zufrieden wie ein Engel.

 Übungen

---

1 **der Kamin:** in die Wand eines Wohnraums eingebaute Feuerstelle

44 DER CONTE

Prosper und Scipio wurden wach, als jemand die Stalltür öffnete. Im ersten Moment wussten sie nicht, wo sie waren, aber das Mädchen in der Tür brachte die Erinnerung schnell zurück.

»*Buon giorno*«, sagte sie. »Mein Bruder will euch sehen.«

»Bruder?«, flüsterte Scipio, als sie aus dem Stall kamen.

Ungeduldig winkte das Mädchen sie die Treppe hinauf.

Die Eingangshalle war hoch und an der Decke waren Bilder. Sie waren schmutzig, aber man sah, wie schön sie einmal waren.

»Nun geht schon!«, sagte das Mädchen. »Dort hinein!« Sie zeigte auf eine offene Tür. Die Doggen rannten voraus. Zögernd folgten Scipio und Prosper ihnen. In dem Raum war es dunkel, nur im Kamin brannte ein Feuer. Davor saßen jetzt die Doggen. Überall lag Spielzeug und mitten in dem Durcheinander saß ein Junge. Mit gelangweiltem Gesicht spielte er mit kleinen Figuren.

»Da sind sie, Renzo«, sagte das Mädchen.

Der Junge hob den Kopf. Sein schwarzes Haar war kurz und seine Kleider sahen noch älter aus als Scipios Jacke. »Der Herr der Diebe!«, stellte er fest. »Du hattest recht, Schwesterchen.« Er stand auf und ging auf Scipio und Prosper zu. »Du warst doch auch in der Basilika?«, sagte er zu Prosper. »Entschuldigt, dass ihr im Stall schlafen musstet, aber man sollte sich nicht mitten in der Nacht auf fremde Inseln schleichen. Das mit dem Falschgeld tut mir leid, es war Barbarossas Idee, sonst hätte ich euch nicht bezahlen können. Ich bin nicht reich, auch wenn ich in diesem Palast wohne.

Fragt ihr euch, woher ich das alles weiß? Habt ihr das Treffen im Beichtstuhl oder auf der Sacca della Misericordia vergessen?«

»Es funktioniert!«, flüsterte Scipio und starrte den fremden Jungen ungläubig an. »Du bist der Conte.«

»Nur durch eure Hilfe«, sagte Renzo lächelnd. »Ohne den Löwenflügel war es nur ein Karussell, aber jetzt …«

»Wer hat euch von dem Karussell erzählt«, unterbrach seine Schwester ihn. »War es Barbarossa?«

Scipio antwortete: »Nein, Ida Spavento hat uns davon erzählt.«

»Weiß sie oder irgendwer, dass ihr hier seid?«, fragte Morosina.

Prosper reagierte schnell: »Ja, unsere Freunde wissen es und ein Detektiv. Und wenn wir nicht zurückkommen, suchen sie uns.«

Morosina sagte zu ihrem Bruder: »Hörst du das? Was machen wir jetzt? Wieso hast du ihnen unser Geheimnis verraten?«

Renzo sagte: »Sie haben mir den Flügel besorgt und ich habe sie nicht bezahlt. Deshalb werde ich ihnen erlauben, auf dem Karussell zu fahren.« Er schaute Prosper und Scipio an. »Am Anfang dreht es sich langsam«, sagte er leise. »Und man spürt kaum etwas. Aber dann wird es schneller und schneller. Ich wäre fast zu spät abgestiegen. Aber so«, er sah an sich herunter, »ist es genau, wie ich es wollte. Ich habe mir zurückgeholt, was man mir gestohlen hat. Die ganzen Jahre. Als die Kinder der Vallaresso hier gespielt haben, mussten ich und Morosina arbeiten. Wir sind vor den Vallaressos aufgestanden und ins Bett gegangen, wenn sie längst alle schliefen. Aber die Vallaresso sind fort und wir sind noch hier. Und ich stelle fest, dass es langweilig ist, mit den Sachen zu spielen. Verrückt, nicht wahr?«

»Also bist du kein Conte?«, fragte Scipio.

»Nein, ist er nicht«, antwortete Morosina für ihren Bruder. »Aber du«, sie musterte Scipio, »du stammst aus einer vornehmen Familie, nicht wahr? Ich erkenne es an der Art, wie du redest und wie du gehst. Räumt dir auch ein Mädchen hinterher, das kaum älter ist als du? Du hast keinen Grund, mit dem Karussell zu fahren. Also was willst du hier? Geld haben wir keins!«

»Stimmt, meine Sachen hebt das Mädchen auf«, sagte Scipio. »Und morgens legt sie hin, was ich anziehen soll. Ich hasse es. Meine Eltern behandeln mich, als wäre ich zu dumm, mir die Hose zuzumachen.« Er sah Morosina an. »Das Karussell hat euch wieder zu Kindern gemacht, aber jetzt können sie mit euch machen, was sie wollen. Ihr habt nichts zu sagen. Ja, ich will auf dem Karussell fahren, aber in die andere Richtung. Ich will erwachsen sein!«

Renzo dachte nach. »Ich zeige euch das Karussell«, sagte er. »Und wenn ihr wollt, könnt ihr darauf fahren.«

 Übungen

45 DAS KARUSSELL

Prosper spürte, dass Scipio vor Ungeduld zitterte, als sie Renzo folgten. Ihm kam alles wie ein Traum vor, seit sie auf der Insel waren. Ob es ein guter oder ein böser Traum war, wusste er nicht.

Renzo führte Prosper und Scipio durch ein Labyrinth. Die Pflanzen wuchsen wild zwischen den Wegen. Plötzlich blieb Renzo stehen. Er hatte etwas gehört. »Da ist jemand am Tor«, sagte er. »Aber wer? Barbarossa wollte erst morgen kommen …« Er war besorgt.

»Barbarossa?« Prosper sah ihn überrascht an.

Renzo nickte. »Ich habe doch gesagt: Das Falschgeld war seine Idee. Er hat es mir besorgt. Aber das lässt er sich natürlich bezahlen. Morgen holt er sich seinen Lohn ab. Das alte Spielzeug.«

»Diese fette Ratte!«, murmelte Prosper.

»Weiß Barbarossa von dem Karussell?«, fragte Scipio.

Renzo lachte. »Nein, dem Rotbart würde ich es nie zeigen.«

Prosper, Scipio und Renzo kamen auf eine große Wiese. Da stand das Karussell und sah genau so aus, wie Ida es beschrieben hatte. Es war nicht so bunt, wie Prosper es sich vorgestellt hatte, aber alle fünf Figuren waren wunderschön: das Einhorn, die Meerjungfrau, der Wassermann, das Seepferd und der Löwe mit beiden Flügeln, als hätte ihm nie einer gefehlt.

»Das Karussell steht hier, seit ich mich erinnern kann«, erzählte Renzo. »Morosina und ich waren noch klein, als unsere Mutter als Küchenhilfe für die Vallaresso arbeitete. Wir wollten unbedingt darauf fahren, wie die reichen Kinder. Die Jahre vergingen, unsere Mutter starb, die Vallaresso verloren ihr Geld und verließen die Insel. Morosina und ich gingen in die Stadt. Da hörte ich eines Tages die Geschichte von dem Karussell der Barmherzigen Schwestern und wusste sofort, dass es das Karussell auf der Insel war. Ich träumte davon, den echten Flügel des Löwen zu finden und mit meiner Schwester darauf zu reiten. Morosina und ich gingen zurück auf die Insel. Das Karussell war noch da, aber es hat viele Jahre gedauert, bis ich wusste, wo der Flügel war. – Es hat sich gelohnt«, sagte Renzo.

»Ist es egal, mit welcher Figur man fährt?«, fragte Scipio.

»Nein. Für mich war der Löwe das richtige Tier. Du und dein Freund, ihr müsst auf eine Wasserfigur steigen«, antwortete Renzo. »Welche willst du, Prop?«, rief Scipio. »Such dir eine Figur aus.« Prosper ging zögernd auf das Karussell zu. In der Ferne hörte er die Hunde. Auch Renzo hatte sie gehört. »Steigt auf«, sagte er. »Ich muss zurück zum Haus, nach Morosina sehen …«

Scipio stieg aufs Seepferd. »Prosper, worauf wartest du?«, rief er. Aber Prosper stand nur da. Er konnte nicht. Er stellte sich vor, wie er groß und erwachsen ins *Gabrielli Sandwirth* ging, Esther und seinen Onkel einfach zur Seite schob und mit Bo an der Hand davonging. Aber er konnte nicht auf das Karussell steigen.

»Hast du es dir anders überlegt?«, fragte Renzo neugierig.

»Fahr du zuerst, Scip«, sagte er.

»Wie du willst«, sagte Scipio enttäuscht und drehte sich zu Renzo um. »Du hast es gehört. Lass es fahren.«

»Du hast es wirklich eilig!« Renzo warf Scipio Kleidung vom Conte zu. »Zieh das an, denn deine Sachen würden kaputt gehen.«

Als Scipio die Kleidung angezogen hatte, musste Prosper lachen. Renzo legte die Hand auf den Rücken des Seepferds. »Halt dich gut fest. Nur ein Stoß und es dreht sich, schneller und schneller, bis du abspringst. Noch kannst du es dir anders überlegen.«

»Abspringen, auch das noch«, sagte Scipio. »Nicht, dass ich es vorhabe, aber – kann man es auch wieder rückgängig[1] machen?«

Renzo sagte: »Wie du siehst, habe ich es noch nicht versucht.«

Scipio setzte sich ganz gerade hin. »Los geht's!«, rief er. »Und ich springe erst ab, wenn ich mich rasieren muss!«

Da gab Renzo dem Seepferd einen Stoß. Langsam fuhr das Karussell los. Renzo stellte sich neben Prosper.

»Juuuh!«, hörte Prosper Scipio rufen. Schneller und schneller drehten sich die Figuren. Prosper hörte Scipio lachen und plötzlich spürte er ein seltsames Glücksgefühl, als die Figuren an ihm vorbeifuhren. Er schloss die Augen, bis Renzos Stimme ihn zurückholte: »Spring ab!«

---

1 **rückgängig machen:** den Zustand herstellen, wie es vorher war

Erschrocken öffnete Prosper die Augen. Das Karussell drehte sich langsamer. Als es anhielt, war der Rücken des Seepferds leer.

»Scipio?«, rief Prosper. Er lief mit Renzo um das Karussell herum. Bei den Bäumen lag jemand. Er stand auf, groß und schmal.

»Das war knapp«, sagte eine fremde Stimme. Prosper erschrak.

»Sieh mich nicht so an.« Der Fremde lachte verlegen. So fremd war er eigentlich nicht. Er sah aus wie ein jüngerer Dottor Massimo – Scipios Vater. Nur das Lächeln war ganz anders.

Scipio drückte Prosper an sich. »Es hat funktioniert, Prop!«, rief er. »Sieh doch nur.« Er ließ Prosper los und berührte sein Gesicht. »Ein Bart! Ich brauche einen Spiegel! Wie seh ich aus, Prop?«

Wie dein Vater wollte Prosper sagen, aber das sagte er nicht.

»Erwachsen«, antwortete Renzo an seiner Stelle.

»Erwachsen!«, flüsterte Scipio. »Bin ich größer als mein Vater?«

»Im Haus ist ein Spiegel«, sagte Renzo. Er musste lächeln. »Kommt. Ich muss sowieso zurück.« Doch er blieb stehen.

Sie hörten eine tiefe Stimme schimpfen: »Wo führst du mich hin?«

»Wir sind gleich da!«, antwortete Morosina.

Renzo wollte zu ihr laufen, aber Scipio zog ihn hinter das Karussell und flüsterte: »Wir verstecken uns!«

»Das wird Ihnen noch leidtun!«, hörten sie Morosina rufen. »Sie dürfen hier nicht herumschnüffeln. Wenn der Conte erfährt …«

»Ach was, der Conte!«, sagte die Stimme. »Der ist heute nicht da. Er hat es mir selbst gesagt. Was denkst du, warum ich heute hier bin?« Es war Barbarossa. Renzo erschrak und wollte aufstehen, aber Scipio hielt ihn fest.

»Sag endlich, was für ein Geheimnis es hier gibt«, schimpfte Barbarossa. »Ich kann sehr, sehr ungemütlich werden!« Barbarossa zog Morosina an ihrem langen Zopf hinter sich her.

»Was ist das?«, schrie der Rotbart, als er das Karussell sah. »Ich suche etwas mit riesigen Diamanten und Perlen.«

»Prosper!«, flüsterte Scipio. »Sehe ich meinem Vater ähnlich?«

Prosper zögerte – und nickte.

»Wartet hier!«, flüsterte Scipio. »Ich glaube, jetzt wird es lustig.«

Scipio stand da in seiner vollen Größe und ging zu Barbarossa. Der Rotbart starrte ihn mit offenem Mund an. Er hielt Morosinas Zopf immer noch fest. »Dottor Massimo, was machen Sie hier?«

»Das wollte ich Sie auch fragen, Signor Barbarossa«, sagte Scipio. »Und was machen Sie da mit der *contessa*[1]?«

Barbarossa ließ den Zopf los. »Contessa? Vallaresso?«

»Natürlich, die Contessa ist oft bei ihrem Großvater zu Besuch. Aber was machen *Sie* hier, Signor Barbarossa? Geschäfte?«

»Wie? Ja, ja.« Barbarossa nickte. »Geschäfte.«

»Ah ja. Nun, mich hat der Conte gebeten, dieses Karussell anzuschauen. Die Stadt will es eventuell kaufen. Aber es ist in einem schlechten Zustand. Sie erkennen es natürlich, nicht wahr?«

»Erkennen?« Barbarossa schaute es mit großen Augen an.

»Natürlich! Einhorn, Seejungfrau, Löwe, Wassermann und das Seepferd. Das Karussell der Barmherzigen Schwestern!« Der Rotbart fragte: »Stimmen die Geschichten, die man sich erzählt?«

Scipio schlug vor: »Probieren Sie es aus.«

Barbarossa kletterte auf das Karussell. Scipio winkte Prosper und Renzo. »Kommt. Signor Barbarossa möchte Karussell fahren.«

»Was macht der denn hier?«, knurrte Barbarossa, als er Prosper sah. »Den Jungen kenne ich. Er arbeitet für …«

»Ich arbeite jetzt für Dottor Massimo«, unterbrach Prosper ihn. Morosina flüsterte ihrem Bruder etwas zu. Renzo wurde blass.

»Er hat den Hunden giftiges Fleisch gegeben!«, rief er und sprang auf das Karussell, aber Barbarossa stieß ihn ärgerlich hinunter. »Na und? Sie werden nicht davon sterben!«, rief er.

»Lauf zum Stall. Da ist Brechwurz[2]«, sagte Renzo zu Morosina und sie rannte davon. Barbarossa setzte sich nun auf den Löwen. Scipio sagte zu Renzo und Prosper: »Ihr wisst, was ihr zu tun habt. Schenkt Signor Barbarossa die Fahrt, die er verdient hat.«

»Aber erst mal nur eine Runde!«, sagte Barbarossa.

»Festhalten! Das wird der Ritt deines Lebens«, rief Renzo.

---

1 **contessa:** (italienisch) weibliche Form von Conte; die Gräfin
2 **die Brechwurz:** Medizin, die hilft das Gegessene wieder von sich zu geben

Das Karussell fuhr schnell. Es drehte sich schneller und schneller.

»Halt!«, schrie Barbarossa. »Mir wird schlecht!«

»Spring ab, Rotbart!«, rief Renzo.

Aber Barbarossa sprang nicht. Er schrie, er schimpfte, er trat gegen die Flügel des Löwen. Plötzlich brach das Holz. Der Flügel flog durch die Luft, das Karussell drehte sich eine letzte Runde, die Figuren standen. Ein Junge stöhnte, fiel vom Rücken des Löwen, dann über seine Hosenbeine und starrte auf seine kurzen Finger.

 **Übungen**

46 EIN PAAR RUNDEN ZU VIEL

»Er hat es zerbrochen[1]!«, rief Renzo, sprang auf das Karussell und sah sich den Löwen an. Idas Flügel saß fest, aber vom rechten war nur noch ein Stück übrig. Er schrie: »Du schleichst auf meine Insel, vergiftest meine Hunde, bedrohst meine Schwester und nun hast du das zerstört, wonach ich so lange gesucht habe!«

»Es hat nicht angehalten!«, schimpfte Barbarossa und hielt sich schützend die Arme über den Kopf, als Renzo ihn wütend schlug. Prosper zog Renzo von Barbarossa weg. Scipio holte den zerbrochenen Flügel. »Wir lassen einen neuen machen!«, sagte er.

»Was glaubt ihr, warum ich den echten Flügel so lange gesucht habe?«, sagte Renzo. »Ohne den ist es nur ein Karussell.«

»Die anderen Figuren sind doch noch da!«, rief Barbarossa. Ohne Schuhe und Socken stand er da und war kleiner als Bo. Er zog die zu großen Hosen aus und versuchte auf eine der Figuren zu steigen. Aber die waren zu hoch für ihn.

»Lass es, Barbarossa«, sagte Prosper. »Du hast doch gehört, was Renzo gesagt hat. Das Karussell funktioniert nicht mehr.«

»Blödsinn!«, schrie Barbarossa. »Stoßt es sofort noch mal an! Bitte, *dottore*! Ich bin ein wichtiger Mann in der Stadt. Menschen aus aller Welt kommen zu mir! Sollen die mich etwa so sehen?«

»Du verstehst nichts!«, schrie Scipio. »Du hast es kaputt gemacht.

---

1 **zerbrechen (zerbrochen):** kaputt gehen, in mehrere Teile brechen

Und ich bin nicht Dottor Massimo! Ich bin der Herr der Diebe. Und ich bin jetzt erwachsen.«

Barbarossa starrte Scipio an. »Der Herr der Diebe?«, flüsterte er.

Renzo drohte Barbarossa: »Ich sehe jetzt nach meinen Hunden. Wenn der Schaden bei ihnen so groß ist wie bei meinem Karussell, dann wirst du dir wünschen, die Isola Segreta nie betreten zu haben. Ich bin der Conte! Du bist unerlaubt auf meine Insel gekommen. Du bist mein Gefangener.«

Renzo sah Prosper und Scipio an. »Bringt ihr ihn zum Haus?«

Prosper nickte. Scipio zog den kleinen Kerl vom Karussell.

»Es wird sich nie wieder drehen«, sagte Scipio. »Das ist deine Schuld. Ich möchte nicht an deiner Stelle sein.«

Barbarossa schlug um sich, aber Scipio warf ihn wie einen Sack über die Schulter und trug ihn zum Haus. Als sie ankamen, sagte Scipio zu Prosper: »Die Welt ist plötzlich so klein. Fast so, als würde ich nicht mehr hineinpassen.«

Scipio zog Barbarossa zur Treppe. Der schrie wütend: »Lass mich los! Dieser Junge … der Conte, lässt mich sicher nicht am Leben. Lasst mich laufen! Ich gebe euch Geld und mein Boot!«

»Wir haben eine ganze Tasche Falschgeld«, antwortete Prosper.

Da sagte Barbarossa nichts und folgte Scipio, der die Treppe hinauf ging. Als Renzo oben erschien, blieb er stehen. In dem Moment kamen Renzos Doggen. Sie standen fest auf ihren Beinen.

»Du hast Glück gehabt!«, rief Renzo. »Sie leben noch. Aber du bezahlst für das, was du getan hast. Wir vier können unsere Karussellfahrt nicht mehr rückgängig machen. – Ich habe dir schon alles Wertvolle verkauft. Ich werde dich gehen lassen, wenn du mir das Geld gibst, das du in deinem Laden hast.«

»Bist du wahnsinnig?«, schrie Barbarossa. »Wovon soll ich in nächster Zeit leben? Ich kann kaum über meinen Ladentisch schauen. Was kann ich dafür, dass dieser Flügel abgebrochen ist?«

Scipio musterte Barbarossa spöttisch. »Ja, was kannst du dafür, dass du mit vergiftetem Fleisch auf die Insel geschlichen bist und Morosina an den Haaren hinter dir hergezogen hast?«

Renzo befahl: »Wir fahren zusammen in die Stadt und du gibst mir das Geld. Oder sollen wir die Carabinieri auf einen elternlosen Jungen aufmerksam machen, der denkt, dass er Ernesto Barbarossa ist? Wir könnten Scipio und Prosper auch bitten, dich im Waisenhaus abzugeben. Es liegt bei dir.«

»Erpressung[1]! Gut, ich nehme an«, sagte Barbarossa wütend. »Aber es ist und bleibt Erpressung.«

 **Übungen**

47 BARBAROSSAS STRAFE

Als sie das Boot verließen, hatte Scipio Barbarossa seine Kinderkleidung gegeben, aber selbst die war zu groß. Renzo hatte Scipio seine alte, dunkle Kleidung  geschenkt. Er sah damit aus, wie eine Person auf einem alten Bild.

Es regnete immer stärker, als sie Barbarossas Laden erreichten.

»Ein Drittel müsst ihr mir lassen«, schimpfte Barbarossa. »Wovon soll ich sonst leben? Wollt ihr, dass ich verhungere?« Barbarossa verschwand durch den Perlenvorhang vor seinem Büro. Die drei anderen folgten ihm. »Hinaus mit euch!«, befahl er. »Ihr bekommt das Geld, aber nicht den Code von meinem Geldschrank! Stehlt einem armen kleinen Jungen das Geld. Wenn ich wieder groß bin …«, knurrte Barbarossa.

»Das wird lange dauern«, unterbrach Renzo ihn. »Mach endlich! Ich muss mich um einen Tierarzt kümmern, du erinnerst dich …«

»Das ist alles?«, rief Renzo, als Barbarossa ihm zwei Geldpäckchen hinhielt. »Davon können wir kaum den Tierarzt bezahlen.« Er drehte sich um und ging zurück in den Laden.

Barbarossa lief Renzo hinterher. »Fass nichts an, verstanden?«

»Was würdet ihr nehmen?«, fragte Renzo. Scipio gab ihm die Zuckerzange aus dem Haus seines Vaters.

---

1 **die Erpressung:** jemanden zwingen etwas zu tun und z. B. mit Gewalt drohen

Renzo steckte das Geld und die Zuckerzange ein. »Ich wünsche dir Glück, Herr der Diebe«, sagte er und öffnete die Ladentür. »Solltest du uns wieder einmal besuchen wollen, dann öffne ich dir, wenn ich da bin.« Aber zu Barbarossa sagte er: »Du kommst besser nicht auf die Isola Segreta. Unsere Hunde werden deinen Geruch nie vergessen.« Barbarossa sah ihn böse an.

»Prop, ich bringe dich zu Idas Haus, in Ordnung?«, fragte Scipio.

»Sicher. Du kannst bestimmt eine Nacht bei uns im Zimmer schlafen«, antwortete Prosper, aber Scipio schüttelte den Kopf.

»Nein«, sagte er. »Ich muss heute Nacht allein sein. Ich habe noch etwas Geld. Ich miete mir ein Hotelzimmer mit einem großen Spiegel, damit ich mich an mein neues Gesicht gewöhnen kann. Lass uns zu Ida gehen, die anderen machen sich sicher Sorgen.«

»Und was ist mit mir?« Barbarossa stellte sich zwischen die zwei. Prosper und Scipio hatten den Rotbart ganz vergessen. Er stellte sich vor die Tür. »Ich werde euch begleiten!«, sagte Barbarossa. »Ich bleibe nicht hier. Morgen sieht das bestimmt alles anders aus, aber bald wird es dunkel. Und ich komme nicht mal an meinen Kühlschrank oder meine Kaffeekanne. *Basta!* Ich komme mit!«

Prosper und Scipio waren ratlos. Dann sagte Prosper: »Er kann heute Nacht in Bos Bett schlafen. Ida hat sicher nichts dagegen.«

Barbarossa war erleichtert. Zu dritt gingen sie unter Barbarossas riesigem Regenschirm zum Campo Santa Margherita.

Das Boot seines Vaters ließ Scipio stehen. Zwei Tage später teilte die Wasserpolizei Dottor Massimo mit, dass das Boot gefunden wurde. Von seinem Sohn aber fehlte jede Spur.

 Übungen

48 FREMDE GÄSTE

Scipio hatte recht, die anderen machten sich furchtbare Sorgen um Prosper. Sie teilten sich auf und suchten ihn an verschiedenen Orten. Als Ida und Wespe abends zurück kamen, trafen sie Victor mit dem schlafenden, nassen Bo.

»Wo kann Prosper bloß sein?«, seufzte Ida, als sie die Tür öffnete.

»Ich lege Bo in sein Bett und dann gehe ich bei den Massimos vorbei«, sagte Victor. Vielleicht hat Scipio ja von Prosper gehört.«

Ida fand, dass das eine gute Idee ist. – Doch dann blieb sie erschrocken in der offenen Tür stehen. Sie hörten Stimmen aus der Küche.

Victor legte Bo vorsichtig in einen Sessel neben der Haustür und sagte zu Ida und Wespe: »Ihr bleibt hier bei Bo. Ich sehe mir unsere Besucher an. Wenn es Ärger gibt«, er gab Ida sein Handy, »ruft ihr die Polizei.«

Aber Ida gab Wespe das Telefon. »Ich komme mit«, flüsterte sie. »Die sitzen schließlich in meiner Küche.«

Besorgt schaute Wespe Victor und Ida nach.

Die Küchentür stand offen und an dem großen Tisch saßen zwei Jungen und ein großer Mann. Victor wunderte sich, dass der Mann aussah wie ein jüngerer Dottor Massimo. Der kleinere der beiden Jungen war kaum so alt wie Bo, hatte rote Haare und wollte gerade nach der halb leeren Weinflasche auf dem Tisch greifen. Aber der andere Junge zog sie ihm weg. Er saß mit dem Rücken zur Tür. Als Ida ihn erkannte, seufzte sie so laut, dass er sich erschrocken zu ihr umdrehte.

»Mensch, Prosper!«, schimpfte Victor. »Wir suchen dich überall!«

»Hallo, Victor.« Prosper schob seinen Stuhl zurück.

»Wie seid ihr hereingekommen?«, fragte Ida Prosper.

»Lucia hat mir gesagt, wo der Ersatzschlüssel ist«, antwortete er.

»So, so, und da bringst du gleich noch mehr Leute in Idas Haus?« Victor sah den jungen Mann misstrauisch an. »Ich wette, Sie heißen mit Nachnamen Massimo«, knurrte er. »Und was ist mit dem Kleinen da? Gibt es in diesem Haus nicht genug Kinder?«

Der kleine Rothaarige stand auf, musterte Victor und sagte betrunken: »Ich bin Ernesto Barbarossa, ich bin ein wichtiger Mann in dieser Stadt, aber wer sind Sie?«

Der junge Mann antwortete für Victor: »Benimm dich! Das ist Victor, ein Freund von uns und neben ihm steht Ida Spavento. Ihr gehört das Haus und du hast zu viel von ihrem Wein getrunken.«

Victor und Ida wechselten einen erstaunten Blick.

»Tut mir leid, dass wir den Rotbart hergebracht haben«, murmelte Prosper. »Aber er wollte nicht allein in seinem Laden bleiben. Es ist nur für diese Nacht …«

»In seinem Laden?«, fragte Victor. »Was ist hier los, Prosper?«

»Wir haben unser Ehrenwort gegeben, nicht darüber zu reden«, murmelte Prosper.

»Ja, allerdings«, sagte der junge Mann zu Victor und grinste frech. »Aber vielleicht hast du Lust zu raten, wen du vor dir hast.«

Victor kam nicht zum Antworten. Wespe stand hinter ihm.

»Was ist denn nun los?«, fragte sie leise. Als sie Prosper entdeckte, schob sie sich schnell an Ida und Victor vorbei. »Wo warst du?«, rief sie. Ihre Stimme klang gleichzeitig wütend und erleichtert. »Weißt du, was für Sorgen wir uns alle gemacht haben?« Sie hatte Tränen in den Augen. »Die ganze Stadt haben wir nach dir abgesucht. Die anderen sind immer noch unterwegs!«, rief sie. »Und Bo hat sich die Augen aus dem Kopf geweint!«

»Bo?« fragte Prosper verwirrt. »Er ist bei Esther«.

»Nein, ist er nicht!«, rief Wespe.

»Dein kleiner Bruder ist Esther schon wieder weggelaufen«, erklärte Victor. »Und er hat sich so schlecht benommen, dass deine Tante ihn nicht mehr sehen will – nie wieder, das sind ihre eigenen Worte, und dich sowieso nicht.«

»Hast du das gehört, Scip?«, murmelte Prosper.

»Wer ist das, Prosper?«, knurrte Victor.

»Scipio natürlich«, antwortete Prosper. »Wo ist Bo? Bitte!«

Da griff Ida nach Prospers Hand und zog ihn auf den Flur hinaus. Bo schlief immer noch in dem Sessel, in den Victor ihn gelegt hatte. Sein Haar war nass vom Regen und man sah, dass er geweint hatte. »Ja, Bo hat die Sache selbst in die Hand genommen«, sagte Ida. »Während sein Bruder auf die Isola Segreta gefahren ist!«

»Ich darf nichts darüber erzählen«, sagte Prosper. Und …«

»… die Isola Segreta soll ihr Geheimnis behalten«, beendete Ida seinen Satz. »Auf jeden Fall ist mein Flügel wohl wieder an dem Platz, wo er hingehört«, sagte sie. »Bo wird froh sein, dass du nicht auf dem gefahren bist, worüber wir nicht sprechen dürfen.«

»Ja. Das glaub ich auch. – Es war so schön, wie du erzählt hast«, sagte Prosper. »Aber Barbarossa hat es zerbrochen.«

Ida schwieg und ging in die Küche. Prosper weckte Bo.

 Übungen

49 EINE VERRÜCKTE IDEE

Zehn Teller stellte Wespe an diesem Abend auf Idas Tisch. Lucia hatte für alle riesige Mengen Nudeln gekocht. Als sie das Essen hereinbrachte, saßen fast alle am Tisch. Nur Ida und Barbarossa fehlten noch.

Mosca, Riccio und Wespe schauten immer zu Scipio hinüber. Er war ihnen fremd. Scipio spürte das, aber er lächelte nur.

»Nun, Signor Massimo, wann willst du dich bei deinen Eltern melden?«, fragte Victor. »Heute noch?«

»Wieso?«, antwortete Scipio. »Sie werden mich kaum vermissen.«

Victor sagte: »Egal, was du von deinem Vater hältst, er wird sich ewig Sorgen machen. Melde dich bei ihm!«

»Wenn er aber doch nicht will, Victor!«, sagte Bo.

Victor wollte gerade etwas dazu sagen, als Ida mit Barbarossa an der Hand hereinkam. »Euer Freund hier darf sich nicht mehr allein in meinem Haus bewegen«, sagte Ida ärgerlich. »Er schnüffelt überall herum und isst meine Pralinen!«

Barbarossa wurde rot im Gesicht. »Ich war hungrig!«, schimpfte er. »Ich bezahle die Pralinen. Ich gehe morgen zur Bank.«

»Na, wunderbar.« Ida stieß ihn auf den leeren Stuhl zwischen Riccio und Bo und setzte sich neben Victor.

»Der stiehlt nicht nur Pralinen«, erklärte Lucia ärgerlich. »Mit unseren letzten Silberlöffeln habe ich ihn erwischt. Und einen Fotoapparat hat er schon unter seiner Jacke verschwinden lassen.«

Riccio kicherte und sah Barbarossa bewundernd an. Bo aber stand mit seinem Teller auf und setzte sich damit auf Idas Teppich. »Neben dem will ich nicht sitzen«, sagte er.

»Signora, ich gehe nach Hause«, sagte Lucia. »Vielleicht sollten Sie den Kleinen einschließen, wenn er hier übernachten muss.«

94

Barbarossa starrte in seinen Teller. Die anderen sahen ihn böse an.
»Vielleicht sollten wir eine Anzeige für dich aufgeben, Barbarino«, sagte Scipio. »Schreckliches Kerlchen, vier, fünf Jahre alt, sucht Mutter. Ich glaube, Ida spielt für dich nicht die Ersatzmutter.«
»Ganz bestimmt nicht«, sagte Ida. »Aber ich könnte dem Herrn bestimmt ein Bett bei den Barmherzigen Schwestern besorgen.«
»Nein, danke!«, sagte Barbarossa. »Und wenn ich tatsächlich eine Ersatzmutter suchen muss, dann bestimmt nicht eine, die Silberlöffel ans Waisenhaus verschenkt und ungekämmt[1] ist.«
Ida blieb die Luft weg.
»Du weißt ja genau, was du willst, Rotbärtchen!«, knurrte Victor.
»Keine Sorge, die Nonnen im Waisenhaus sind perfekt gekämmt!«
»Wenn ich wieder groß bin«, murmelte Barbarossa, »dann werde ich jeden bestrafen, der nicht verhindert hat, dass ich auf dieses Karussell gestiegen bin. Ich werde …«
»Halt den Mund, Barbarino!«, unterbrach Prosper ihn. »Du hast wie wir dein Ehrenwort gegeben, nicht über die Sache zu reden!«
Die anderen hoben die Köpfe. Sie hatten gehofft, doch etwas über die geheimnisvollen Dinge zu erfahren, die Prosper und Scipio erlebt hatten. Aber die zwei schwiegen.
Bo musterte Barbarossa wie ein seltenes Tier. »Wie der redet, das würde Esther gefallen, was Prop?«, sagte er. »Der redet noch vornehmer als Scipio. Dabei ist er kleiner als ich.«
»Kleiner?«, schimpfte Barbarossa. »Ich habe studiert.«
»Der macht auch keine Flecken auf seine Kleidung beim Essen«, stellte Bo fest. »Das würde Esther am allerbesten gefallen, oder?«
Prosper musterte Barbarossa. »Stimmt«, sagte er. »Sie wäre begeistert. Und wie ordentlich er sich die Haare gekämmt hat.«
»Wer ist diese Esther?«, fragte Barbarossa Riccio.
»Die Tante von Prosper und Bo«, antwortete Riccio. »Sie war ganz wild auf Bo, aber jetzt will sie ihn nicht mehr haben.«
»Wie klug von ihr.« Barbarossa fuhr sich durch die Haare.

---

1 **ungekämmt:** die Haare wurden nicht mit einem Kamm / einer Bürste ordentlich gemacht

Scipio warf ihm einen nachdenklichen Blick zu. »Wisst ihr was, mir kommt da eine verrückte Idee«, sagte er langsam. »Sie ist noch nicht ganz klar, aber genial[1] …«

»Genial?« Barbarossa griff nach dem Wein, aber Victor zog ihm die Flasche weg. Barbarossa sah ihn böse an.

»Weißt du, Herr der Diebe«, knurrte er in Scipios Richtung. »Du kannst gar keine genialen Ideen haben.«

Scipio ließ sich auf seinen Stuhl sinken. »Schon gut«, murmelte er, »also keine genialen Gedanken!« Mit gelangweiltem Gesicht ging er zum Fenster und schaute in die Nacht hinaus. Riccio und Mosca stießen sich an. Und Prosper grinste. Ja, Scipio war immer noch Scipio, er spielte immer noch gern Theater.

»Was für eine geniale Idee? Sag schon!«, bettelte[2] Barbarossa.

Aber Scipio schaute weiter aus dem Fenster.

»Nun, sag schon!«, rief Barbarossa.

»Diese Tante von Prosper und Bo«, sagte Scipio, »wünscht sich einen süßen kleinen Jungen mit dem Benehmen[3] eines Erwachsenen. Und du brauchst für die nächsten Jahre jemanden, der dir Essen gibt und nebenan schläft, wenn es dunkel wird …«

Barbarossa fragte: »Hat sie Geld?«

»O ja«, antwortete Scipio. »Nicht wahr, Prop?«

Prosper nickte nur. »Das ist wirklich eine ziemlich verrückte Idee, Scip«, sagte er. »Das wird niemals klappen.«

 Übungen

50 WAS NUN?

Barbarossa schlief auf dem Sofa im *salotto*, aber Ida schloss die Tür ab. Scipio war schon lange fort. Wohin er wollte, sagte er nicht, doch er versprach bald wiederzukommen. Die Kinder waren irgendwie traurig und alle wussten, woran die anderen dachten:

---

1 **genial:** perfekt, wie von einem Genie
2 **betteln:** sehr intensiv um etwas bitten
3 **das Benehmen:** das Verhalten

an einen Vorhang voller Sterne, an Matratzen auf dem Boden und an Gold und Silber vom Herrn der Diebe. Alles verloren.

Sie gingen hinauf in ihr Zimmer. An der Wand hing das Stück Vorhang, das Victor abgeschnitten hatte. Und es gab all die Dinge, die sie noch aus dem Kino retten konnten. Sie legten sich in ihre Betten. Doch niemand konnte einschlafen.

»Das wäre was, wenn Barbarossa bei eurer Tante wohnen könnte«, sagte Mosca irgendwann. »Aber was machen wir? Jetzt, wo ihr wieder da seid. Hat da irgendeiner schon eine Idee?«

»Nein, so ein gutes Versteck kriegen wir nie wieder«, knurrte Riccio. »Vielleicht finden wir was in Castello.«

Bo sagte: »Ich will kein neues Versteck. Ich will bei Ida bleiben!«

»So, so! Weiß Ida das schon?«, fragte Riccio. »Also, ich werde mich morgen mal in Castello umsehen. Wie sieht's mit euch aus?«

Mosca nickte. »Klar, ich bin dabei«, murmelte er.

»Ich bleib hier«, wiederholte Bo. »Meinen Katzen gefällt es hier auch. Mit Victor und Ida gehe ich Eis essen und …«

»Na und?«, unterbrach Riccio ihn. »Bald werden sie dir erzählen, dass du zur Schule gehen musst, wann du schlafen musst, was du essen sollst und dass du dich öfter waschen musst. Nein danke!«

Wespe sagte so leise, dass die anderen sie kaum verstanden: »Ich würde auch gern hierbleiben. Es ist besser als alles, was ich mir vorgestellt habe.«

»Weißt du was Scipio jetzt macht, Prop?«, fragte Mosca.

»Kann sein«, antwortete Prosper. Er versuchte sich Scipio vorzustellen: Wie er das Hotelzimmer mit einem großen Spiegel mietet und wie er sich zum ersten Mal das fremde Gesicht rasiert.

»Meinst du, es geht ihm gut?«, fragte Bo.

»Ja, ich glaub, es geht ihm gut«, antwortete Prosper.

 Übungen

51 DER KÖDER[1]

Als Victor am nächsten Morgen in die *Casa Spavento* kam, brachte er eine Zeitung mit einem Foto von Scipio mit. Darunter stand, dass die Polizei bat, bei der Suche nach Dottor Massimos verschwundenem Sohn zu helfen.

Ida seufzte. »Weißt du, wo Scipio ist?«, fragte sie Wespe.

Aber Wespe schüttelte nur den Kopf. »Wir wissen es alle nicht.«

»Man sollte dem *dottore* eine Nachricht schicken«, sagte Victor.

Ida nickte und ging mit Victor in den *salotto*, wo Barbarossa gelangweilt ein Buch über Kunst in Venedig anschaute. Schon am frühen Morgen hatte er alle wachgeschrien, als er merkte, dass Ida ihn eingeschlossen hatte.

Ida setzte sich an ihren Schreibtisch und schrieb eine Karte. Sie teilte Dottor Massimo mit, dass es seinem Sohn gut geht, er aber in nächster Zeit nicht nach Hause zurückgehen wird. »Wirfst du die Karte bei den Massimos in den Briefkasten?«, fragte Ida Victor.

»Kein Problem«, sagte Victor. »Was ist mit der Tante?«

Barbarossa sagte zu Ida: »Ich schlage vor, Sie rufen sie endlich an, damit sie herkommt und ich sie mir ansehen kann.«

Victor wollte das gerade unfreundlich kommentieren, da sagte Ida schon zu Wespe: »Könntest du bitte Prosper und Bo holen? Ich rufe ihre Tante an.« Dabei sah sie Barbarossa ärgerlich an.

Alle liefen ins Haus, als Wespe ihnen erzählte, dass Ida tatsächlich probieren wollte, ob Scipios verrückte Idee funktionierte.

Ida saß schon neben dem Telefon. Eilig setzten sich alle auf den Teppich. Nur Barbarossa saß wie ein König in Idas bestem Sessel.

»Für diesen Kerl machst du dir so viel Mühe«, flüsterte Victor Ida zu. »Sieh ihn dir an, wie er da sitzt!«

»Genau deshalb mache ich mir die Mühe: Damit er nicht bei den armen Barmherzigen Schwestern landet«, flüsterte Ida zurück.

Ida wählte die Nummer des Hotels, in dem die Hartliebs jetzt waren. *»Buon giorno!«*, sagte sie mit fester Stimme. »Hier ist

---

1 **der Köder:** Nahrung zum Fangen von Tieren, hier: etwas, um Menschen zu überreden

Schwester Ida von den Barmherzigen Schwestern. Könnte ich bitte mit Signora Esther Hartlieb sprechen?«

Es dauerte eine Weile, bis Esther am Telefon war.

»Ah, guten Morgen, Signora Hartlieb«, sagte Ida. »Die Rezeption hat Ihnen gesagt, wer ich bin? … Gut. Folgendes, Signora. Die Polizei hat Ihre Neffen, nach denen Sie suchen lassen, in unser Waisenhaus gebracht.« Ida hörte zu. »Wirklich? Wie bitte? Was heißt das, Sie wollen die Jungen nicht mehr?« Sie hörte wieder zu. »Ja, haben Sie denn nicht das Sorgerecht für die beiden?«, fuhr Ida fort. »Ich verstehe. Ja, die Kinder haben so etwas Ähnliches erzählt. Das ist traurig, Signora, sehr traurig. Wir werden uns natürlich um Ihre Neffen kümmern, das ist unser Auftrag. Aber wir müssen Sie bitten, wegen der nötigen Formalitäten[1] hier vorbeizukommen … Ja, das lässt sich nicht vermeiden, Signora.«

Ida schaute sehr streng, als könnte Esther das sehen. »Doch, auf jeden Fall. Wann reisen Sie ab? … Nun, dann mache ich für morgen Nachmittag einen Termin für Sie. Gegen drei könnte ich … Nein, es lässt sich wirklich nicht vermeiden. Sie finden mich in unserer Zweigstelle[2], *Casa Spavento,* Campo Santa Margherita 423. Fragen Sie nach Schwester Ida. … Ja. Vielen Dank, Signora Hartlieb. *ArrivederLa*[3].« Mit einem tiefen Seufzer legte Ida den Hörer auf.

»Sie kommt tatsächlich?« Prosper schaute Ida ungläubig an.

»Ich habe den Köder ausgeworfen«, sagte sie. »Jetzt liegt es an dir, Rotbärtchen, ob Signora Hartlieb ihn frisst.«

Barbarossa strich sich über die Haare. »Das dürfte kein Problem sein«, meinte er. »Ich hoffe, diese Tante hat so viel Geld, wie ihr behauptet. Wenn das eine Lüge ist, dann erzähle ich ihr alles.«

»Auf jeden Fall ist sie immer gekämmt«, sagte Prosper spöttisch.

»Was ist, wenn sie geizig ist?«, meinte Barbarossa. »Zur Schule darf sie mich natürlich auch nicht schicken. Ich zwischen all den lauten Kindern. Nein! Was ist, wenn sie das nicht versteht?«

---

1 **die Formalitäten (Sg. die Formalität):** offizielle Papiere, die etwas regeln
2 **die Zweigstelle:** nicht die Hauptstelle einer Institution, sondern eine Nebenstelle
3 **arrivederLa:** (italienisch) höfliche Form für auf Wiedersehen!

»Dann«, sagte Wespe mit honigsüßem Lächeln, »findet sich bei
den Barmherzigen Schwestern bestimmt ein Bett für dich.«
»Ihr könnt gleich mal bei ihnen fragen«, sagte Ida zu Wespe. »Ich
wollte dich und Prosper nämlich bitten, etwas bei den Schwestern
abzuholen.«
»Abholen? Was denn?«, fragte Barbarossa misstrauisch.
Aber Ida legte nur den Finger an die Lippen. »Das ist noch ein
Geheimnis«, sagte sie. »Aber du wirst es erfahren, Barbarino.«

 Übungen

52 ESTHER

Die Kinder sollten im Café warten und Eis essen, während Esther
bei Ida war. Esther kam allein und ging an dem Café vorbei.
Prosper beobachtete sie durch ein Fenster.
»Das ist also deine Tante.« Wespe lehnte sich über Prospers
Schulter. »Ich hab sie mir größer und böse vorgestellt.«
Als Esther an der Tür von Idas Haus klingelte, öffnete ihr eine dicke,
unfreundliche Nonne. Fast eine Stunde hatte Ida betteln müssen,
bis Lucia sich die geliehenen Nonnenkleider angezogen hatte, aber
jetzt sah sie überzeugend echt aus. Sie führte den Gast zu dem
Raum, der sonst das Wäschezimmer war. Statt Lucias Sachen gab
es da jetzt einen Schreibtisch, ein paar Stühle und einen großen
Kerzenleuchter. An einer Wand hing das Bild der Madonna mit
Kind, das sonst in Idas Küche war.
»Signora Hartlieb, wie ich annehme«, sagte Ida und stand auf. Sie
trug, wie Lucia, die dunkle Nonnenkleidung der Barmherzigen
Schwestern. Neben Ida stand Victor.
»Setzen Sie sich doch bitte, Signora Hartlieb«, sagte Ida und zeigte
auf die Stühle. »Ihr Mann konnte nicht kommen?«
»Nein, er hat beruflich zu tun, denn wir reisen übermorgen ab.«
Victor beobachtete, wie Esther Hartlieb sich setzte, den Rock über
die Knie zog und sich unwohl umsah.
»Signor Getz kennen Sie ja«, sagte Ida und nahm wieder Platz.
»Warum haben Sie mich hergebeten?«, fragte Esther.

Ida antwortete: »Wir müssen uns um sehr viele Kinder kümmern. Das Geld, das wir dafür erhalten, ist sehr knapp. Wenn wir also, wie im Falle Ihrer Neffen, erfahren, dass es Angehörige gibt …«

»Ich bin nicht mehr bereit, mich um die beiden zu kümmern!«, unterbrach Esther sie unfreundlich. »… sicherlich hat Signor Getz Ihnen erzählt, was Bo gemacht hat. Wenn Sie also die beiden hierbehalten können … Das wenige Geld ihrer Mutter kann das Waisenhaus gern haben.«

Ida nickte. Sie seufzte und sagte: »Das ist wirklich alles sehr unerfreulich, Signora Hartlieb.«

Ida schaute zur Tür. Dann klopfte es. Esther Hartlieb sah sich um. »Ja, bitte?«, rief Ida.

Die Tür ging auf und Lucia schob Barbarossa in den Raum.

»Der Neue hatte schon wieder Ärger, Schwester!«, berichtete sie.

»Ich kümmere mich darum«, sagte Ida. Lucia verließ den Raum.

Klein und verloren blieb Barbarossa vor der Tür stehen. Als er Esther Hartliebs neugierigen Blick bemerkte, lächelte er sie an.

»Entschuldigen Sie, Signora Hartlieb«, sagte Ida. »Aber dieser Junge ist noch ganz neu bei uns und hat viele Probleme mit den anderen. Sie haben dich also schon wieder geärgert, Ernesto?«

Barbarossa nickte. Er weinte leise, dann immer stärker.

»Hätten Sie wohl ein Taschentuch für mich, Mutter Ida?«, sagte er. »Sie haben mir wieder meine Bücher weggenommen.«

Esther gab Barbarossa mit verlegenem Lächeln ihr Taschentuch.

»*Grazie, signora*«, murmelte er und entfernte die Tränen.

Esther konnte kaum die Augen von dem Kleinen lassen.

»Geh zu Schwester Caterina, Ernesto«, sagte Ida zu Barbarossa, »und richte ihr aus, dass sie den anderen deine Bücher wieder abnehmen soll. Außerdem soll sie sie auf ihre Zimmer schicken.«

Barbarossa nickte. Dann ging er mit zögernden Schritten zur Tür.

»Mutter Ida?«, murmelte er, als er schon an der Tür war. »Wann machen wir eigentlich den Ausflug ins Accademia-Museum? Ich würde mir so gern noch einmal die Bilder von Tizian ansehen.«

»Das ist jetzt wirklich übertrieben«, dachte Victor. Doch Esthers Blick sagte ihm, dass Barbarossa sehr genau wusste, was er tat.

101

»Tizian?«, fragte Esther und lächelte den Kleinen an. »Du magst die Gemälde[1] von Tizian?« Barbarossa nickte.

»Ich mag sie auch sehr«, sagte Esther. Ihre Stimme klang plötzlich ganz weich, völlig anders als Victor sie bisher gehört hatte.

»Oh, tatsächlich, Signora?« Barbarossa strich sich die roten Haare aus dem Gesicht. »Dann haben Sie bestimmt schon sein Bild gesehen, auf dem er sich selbst gemalt hat, wie er die Madonna bittet, dass er und sein Sohn nicht an Pest erkranken?«

Esther schüttelte den Kopf.

»Das Bild gefällt mir am besten. Wissen Sie, Signora, Sie sehen der Madonna ähnlich. Ich würde sie Ihnen gern zeigen.«

»Oh Barbarino!«, dachte Victor. Allerdings, wenn er sich recht erinnerte, sah die Madonna auf dem Bild ziemlich streng aus, vielleicht ähnelte sie Esther Hartlieb wirklich ein bisschen. Das Kompliment hatte jedenfalls seine Wirkung. Esther war rot geworden. Wie ein kleines Mädchen sah sie aus.

Dann drehte sie sich plötzlich zu Ida um. »Wäre das möglich«, fragte sie, »dass ich mit dem Kleinen …«

»Er heißt Ernesto«, unterbrach Ida sie mit kühlem Lächeln.

»Ernesto.« Esther wiederholte den Namen. »Ich weiß, die Bitte ist ungewöhnlich, aber wäre es denkbar, dass ich Ernesto zu einem Ausflug einlade? Heute Abend bringe ich ihn hierher zurück.«

Schwester Ida schaute erstaunt. Victor fand, dass es echt aussah.

Ida sah Barbarossa an. »Was sagst du dazu, Ernesto?«, fragte sie. »Hättest du Lust, mit der Signora einen Ausflug zu machen?«

Barbarossa sah Esther an wie ein kleiner, treuer Hund. »Das wäre wunderbar, Signora!«, sagte er und schenkte Esther ein Lächeln.

»Das ist wirklich sehr nett von Ihnen, Signora Hartlieb«, sagte Ida und läutete[2] nach Lucia. »Ernesto hat es zurzeit nicht leicht hier.«

Ida sagte zu Lucia: »Helfen Sie Ernesto bitte dabei, sich zum Ausgehen fertig zu machen, Schwester. Signora Hartlieb hat ihn zu einem Ausflug eingeladen.«

»Wie nett von ihr«, murmelte Lucia.

---

1 **die Gemälde (Sg. das Gemälde):** gemalte Bilder
2 **läuten:** wie klingeln

Ganz in Gedanken schaute Esther zu dem Bild mit der Madonna hoch. »Hat der Junge noch Eltern?«, fragte sie dann.

Ida schüttelte den Kopf und seufzte. »Nein, Ernesto ist der Sohn eines reichen Antiquitätenhändlers, der letzte Woche verschwunden ist. Die Polizei vermutet einen Bootsunfall auf der Lagune. Seitdem ist der Junge bei uns. Seine Mutter hat den Vater schon vor Jahren verlassen und ist nicht bereit, sich um das Kind zu kümmern. Dabei ist er ein so netter Junge, nicht wahr?«

»Allerdings. Er ist so ganz anders als meine Neffen«, sagte Esther.

»Wissen Sie, ich hätte wirklich gern ein Kind, aber ich habe noch keines gefunden, das mich gern zur Mutter hätte.«

Victor und Ida wechselten einen Blick.

Esther brachte Barbarossa an diesem Abend sehr spät zurück. Prosper und Bo beobachteten vom Fenster des *salotto*, wie sie über den Platz kamen: Barbarossa aß ein riesiges Eis. Esther trug viele Einkaufstüten, aber ihre linke Hand hielt Barbarossas Hand und auf ihren Lippen lag ein glückliches Lächeln.

»Seht euch an, wie sie ihn anschaut!«, sagte Riccio. »Und die ganzen Pakete sind bestimmt alle für ihn. Tut es euch nicht leid, dass sie euch nicht mehr haben will?«

Bo schüttelte den Kopf und Prosper musste an jemand anderes denken, die so ähnlich wie Esther ausgesehen hatte.

»Na, passen die beiden nicht perfekt zusammen?«, fragte Victor.

Prosper nickte. Er hätte Scipio gern erzählt, dass seine Idee tatsächlich zu funktionieren schien.

 Übungen

53 ALLES FINDET SICH[1], ODER?

Esther Hartlieb flog am übernächsten Tag nicht mit ihrem Mann nach Hause. Sie besichtigte mit Barbarossa den Dogenpalast. Am Tag darauf holte sie Ernesto wieder ab und als Barbarossa abends in die *Casa Spavento* zurückkehrte, trug er die teuersten Kleider,

---

1 **sich finden:** es geht seinen Weg; es geschieht, was geschehen muss

die für einen Jungen seines Alters in Venedig zu kaufen waren. Wie ein kleiner Hahn spazierte er in den *salotto*, wo die anderen auf dem Teppich mit Ida Karten spielten.

»Ihr seid wirklich so dumm«, sagte er zu Prosper und Bo. »Da habt ihr solch eine Tante und ihr lauft vor ihr davon.«

»Und du, Ernesto«, sagte Ida, »hast da, wo dein Herz sitzen sollte, vermutlich ein Portemonnaie.«

Barbarossa griff in die Jacke und zog ein dickes Portemonnaie aus der Tasche. »Ich würde einen von euch bitten, in den nächsten Monaten bei meinem Laden vorbeizuschauen. Ich zahle gut. Etwas sauber machen … Außerdem muss man eine gute Verkäuferin finden, die nicht stiehlt. Ich verlasse mich da ganz auf euch.«

»Hältst du uns für so was wie dein Personal?«, fragte Riccio.

»Nun, ich kann mich nicht darum kümmern. Ich werde schon morgen mit Signora Hartlieb in einem Flugzeug sitzen«, sagte Barbarossa. »Mein Wohnsitz ist in Zukunft außer Landes. Noch heute Abend wird meine zukünftige Pflegemutter[1] Schwester Ida anrufen und sie um die Adoptionsgenehmigung[2] bitten. Ein Anwalt wird alle rechtlichen Probleme klären. Ich werde versuchen, ein Konto einzurichten, für meine Einnahmen.«

Dann ging er hinaus. Bo streckte ihm die Zunge raus.

»Ida«, sagte Mosca, »Riccio und ich wollen auch weg. Riccio hat in Castello ein verlassenes Lagerhaus entdeckt. Direkt am Wasser. Da ist sogar ein Platz für mein Boot.«

»Wie wollt ihr zurechtkommen?«, fragte sie. »Der Herr der Diebe sorgt nicht mehr für euch. Wollt ihr wieder anfangen zu stehlen?«

Mosca schüttelte den Kopf. »Ach was. Fürs Erste haben wir genug Geld von unserem letzten Geschäft mit Barbarossa.«

Ida nickte und sah die andern drei an: Prosper, Bo und Wespe.

»Was ist mit euch?«, fragte sie. »Ihr verlasst mich doch wohl nicht alle auf einmal? Wer soll all das essen, das Lucia schon eingekauft hat? Wer liest meine Bücher, wer spielt mit mir Karten?«

---

1 **die Pflegemutter:** Ersatzmutter, die sich vom Amt her um ein Kind kümmert
2 **die Adoptionsgenehmigung:** die Erlaubnis, offiziell und rechtlich Eltern für ein Kind zu sein, ohne mit dem Kind verwandt zu sein

Wespe musste lächeln, aber Bo stand auf und setzte sich an Idas Seite. »Wir bleiben bei dir«, sagte er. »Wespe hat sowieso gesagt, dass sie am liebsten immer hier wohnen würde.«

Ida seufzte. »Na, da bin ich ja erleichtert«, sagte sie. Dann flüsterte sie Bo ins Ohr: »Was ist mit deinem großen Bruder?«

Prosper schaute verlegen zu den beiden herüber.

»Der will auch hierbleiben«, sagte Bo.

Prosper stöhnte und nahm die Hände vor sein Gesicht.

»Tja, wie gut, dass er für solche Fragen einen Bruder hat«, sagte Ida. »Ida, Wespe, Prosper und Bo. Das macht vier!«, sagte sie. »Eine gute Zahl, vor allem beim Kartenspielen.«

Am nächsten Tag stieg Barbarossa mit Esther ins Flugzeug.

Zwei Tage und zwei Nächte später packten Riccio und Mosca ihre wenigen Sachen und verabschiedeten sich von allen. Lucia drückte ihnen noch zwei Tüten mit Essen in die Hand. Die anderen drei vermissten sie, vor allem Bo weinte. Aber als Wespe sagte, dass Riccio und Mosca ja in der Stadt blieben, beruhigte er sich.

Prosper schaute jeden Abend aus dem Fenster und fragte sich, was Scipio machte. Aber es war Victor, der den Herrn der Diebe als Erster wiedersah, als er auf dem Heimweg noch schnell zu Barbarossas Laden ging, um ein Schild an die Tür zu kleben:

Verkäufer oder Verkäuferin gesucht. Bewerbungen an Ida Spavento, Campo Santa Margherita 423.

Eine große Person kam auf ihn zu. »Hallo, Victor«, sagte der Fremde. »Wie geht es dir? Und wie geht es den anderen?«

Victor starrte ihn an. »Mensch, Scipio, musst du dich so anschleichen? Mit dem Hut hab ich dich fast nicht erkannt.«

»Ja, der Hut war das Erste, was ich mir gekauft habe«, sagte er. »Mit dem nennt man mich nur noch selten Dottor Massimo.«

Eine Weile schwiegen sie beide. Dann sagte Victor: »Übrigens, deine Idee mit Barbarossa, sie hat funktioniert.«

»Wirklich? Tja, ich wusste ja, sie ist genial. Wie geht es den anderen? Sind sie noch bei Ida?«, fragte Scipio.

»Prosper, Wespe und Bo schon«, antwortete Victor. »Mosca und Riccio leben jetzt in einem leerstehenden Lagerhaus in Castello.

105

Aber wie geht es dir?« Besonders glücklich sah Scipio nicht aus.
Eher ein bisschen müde. »Wenn du nichts Besseres zu tun hast«,
meinte Victor, »begleite mich und erzähl mir, was du so gemacht
hast. Ich bin schon den ganzen Tag unterwegs und habe Hunger.«
Also gingen sie zu Victors Wohnung. Scipio fing erst an zu spre-
chen, als sie an die Rialtobrücke kamen. »Eigentlich habe ich nichts
Besonderes gemacht.« Auf der Brücke blieben sie stehen. »Was tun
Erwachsene den ganzen Tag, Victor?«, fragte er.
»Arbeiten«, antwortete Victor. »Essen, einkaufen, Rechnungen
bezahlen, telefonieren, Zeitung lesen, Kaffee trinken, schlafen.«
Scipio seufzte. »Nicht sehr aufregend.«
Sie gingen die Brücke hinunter und in das Labyrinth der Gassen.
»Mir wird schon noch was einfallen«, sagte Scipio. »Etwas
Verrücktes, Abenteuerliches. Vielleicht sollte ich einfach in
irgendein Flugzeug steigen, oder ich könnte tauchen lernen …«
Victor musste grinsen und Scipio bemerkte es.
»Du lachst über mich«, sagte er ärgerlich. »Gib zu, du hast Aben-
teuer auch ganz gern! Du bist schließlich Detektiv.«
Dazu sagte Victor nichts. Die Füße taten ihm weh, er war müde
und er hätte lieber bei Ida auf dem Sofa gesessen.
Scipio sagte: »Victor, ich habe schon wieder eine geniale Idee.«
»Oje«, murmelte Victor und ging müde auf seine Haustür zu.
»Erzähl's mir morgen. Komm mit mir zum Frühstück zu Ida.«
»Nein, nein!« Scipio schüttelte den Kopf. »Ich erzähl's dir gleich.«
Er holte tief Luft und für einen Moment sah er aus wie ein Junge.
»Also, pass auf. Du bist doch nicht mehr der Jüngste …«
Victor drehte sich ärgerlich zu ihm um. »Wenn du damit meinst,
dass ich kein Kind bin, das im Körper eines Erwachsenen herum-
läuft, dann hast du recht …«
»Nein!« Ungeduldig schüttelte Scipio den Kopf. »Aber du machst
diese Detektivarbeit doch nun schon viele Jahre – tun dir nicht die
Füße weh, wenn du stundenlang hinter jemandem herläufst?«
Victor schloss die Haustür auf.
»Stell dir mal vor, das ganze Herumrennen, die nächtlichen Beob-
achtungen, all das, wovon dir die Füße wehtun, würde jemand

anderes übernehmen. Jemand …« Scipio stand schon oben vor der Tür und sagte begeistert: »… jemand wie ich!«

»Wie meinst du das? Du willst für mich arbeiten?«, fragte Victor.

»Natürlich. Ist das nicht eine wunderbare Idee?« Scipio zeigte auf Victors Schild. »Getz könnte natürlich weiter an erster Stelle stehen, aber darunter käme mein Name …«

Victor zog Scipio in seine Wohnung. Scipio ging in Victors Büro und setzte sich auf einen der Stühle. »Hast du dich nicht gewundert, dass ich bei Barbarossas Laden so plötzlich vor dir stand? Du bist an mir vorbeigelaufen, aber du hast mich nicht bemerkt. Das beweist doch, dass ich ein guter Detektiv wäre.«

»Gar nichts beweist das«, knurrte Victor. »Das beweist nur, dass du denkst, dass der Detektivberuf aufregend ist. Aber meistens ist er langweilig. Außerdem kann ich nicht viel bezahlen.«

»Macht nichts. Ich brauch nicht viel.«

Victor seufzte. »Dein Name kommt nicht auf mein Schild.«

»Ich brauche sowieso einen neuen Namen.«

»Meine Bedingung: Du schreibst deinem Vater«, forderte Victor. Scipio sah unglücklich aus. »Was soll ich dem schreiben?«

»Weiß nicht. Dass es dir gut geht. Dir wird schon was einfallen.«

Scipio murmelte: »Gut, mach ich, wenn du mir hilfst, ein guter Detektiv zu werden.«

»Willst du nicht lieber Barbarossas Laden übernehmen?«, fragte Victor voller Hoffnung. »Ida und ich suchen noch jemanden.«

»Nein, ich habe keine Lust den ganzen Tag in einem Laden zu stehen. Ich will Detektiv werden«, sagte Scipio.

»Na gut«, sagte Victor, »dann fängst du gleich morgen früh an. Und ich geh zu Ida frühstücken.«

 Übungen

54 UND DANN ...

Ein halbes Jahr später setzte Victor Scipios Namen doch auf sein Schild, aber in etwas kleineren Buchstaben als seinen eigenen.

Keiner fragte Scipio, ob es ihm leidtat, dass er auf das Karussell gestiegen war. Aber vielleicht war der neue Name, den er sich gab, die Antwort: Scipio *Fortunato*, der vom Glück Favorisierte.

Seinem Vater schrieb Scipio ab und zu eine Karte. Signor Massimo ahnte nicht, dass sein Sohn ganz in der Nähe in einer kleinen Wohnung lebte. Manchmal besuchte er Mosca und Riccio in Castello. Meistens ließ er ihnen etwas Geld da. Mosca hatte Arbeit bei einem Fischer gefunden, aber Riccio – er schien wieder zu stehlen. Wespe, Prosper und Bo sah Scipio mindestens zweimal in der Woche. Er besuchte sie und Ida zusammen mit Victor.

Eines Abends im Herbst fuhren Scipio und Prosper noch einmal zur Isola Segreta. Am Ufer der Insel lag kein Boot und es bellten keine Hunde. Vergeblich riefen sie nach Renzo und Morosina. Und als sie endlich den Weg durch das Labyrinth gefunden hatten, fanden sie dahinter nur einen kleinen, steinernen Löwen. Sie erfuhren nie, was mit Renzo und seiner Schwester geschehen war. Auch später fragten sie sich, ob das Karussell vielleicht wieder funktionierte – und ob sie sich irgendwo drehten, der Löwe, der Wassermann, die Seejungfrau, das Seepferd und das Einhorn.

Noch etwas? Ach, ja. Barbarossa ... Esther hielt ihn lange für das wunderbarste Kind, das ihr je begegnet war. Bis sie ihn erwischte, wie er sich ihren wertvollsten Schmuck in die Hosentaschen schob und sie in seinem Zimmer eine Sammlung weiterer Dinge fand. Sie schickte ihn unter Tränen auf ein vornehmes Internat, wo Ernesto zum Schrecken seiner Mitschüler und Lehrer wurde. Man erzählte sich schlimme Dinge von ihm: Dass er andere Kinder zwang, seine Hausaufgaben zu machen, dass sie für ihn stehlen mussten, und dass er sich einen Namen gegeben hatte, mit dem sie ihn ansprechen mussten: Er nannte sich der »Herr der Diebe«.

 Übungen

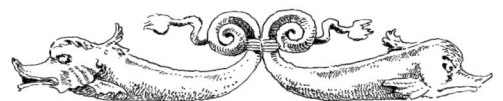

Ein paar Erklärungen

Kap.	Begriff	Erklärung
1	*Stadt des Mondes / Venedig*	Heißt so, weil Venezia »Stadt des Mondes« bedeutet und man in der Lagune vom Mond abhängig ist. Er bestimmt, wie hoch wann das Wasser steht.
	Löwe mit Flügeln	Ist das Symbol der Stadt und an vielen offiziellen Gebäuden zu finden. Der Markuslöwe hält eine Tafel, auf der steht: »Pax Tibi Marce Evangelista Meus« – »Friede mit dir, Markus, mein Evangelist«
2	*Rialtobrücke*	→ Stadtplan: 1; Die Rialto-Brücke führt über den Canal Grande und ist eine Sehenswürdigkeit von Venedig.
	mosca	italienisch für Fliege, Aussprache: Moska
	riccio	italienisch für Igel, Aussprache: Ritscho
3	*Dogenpalast*	→ Stadtplan: 2; der Regierungspalast der Republik Venedig
	basta	italienisch für genug!
	Salute-Kirche	→ Stadtplan: 3
4	*Maske*	Ärzte trugen im Mittelalter Vogelmasken (wie Scipio sie trägt), um sich gegen die Krankheit »Pest« zu schützen.
	Barbarossa	italienisch für roter Bart
5	*Basilica San Marco*	→Stadtplan: 4; Diese Kirche befindet sich am Markusplatz im Stadtteil San Marco.
	Accademia-Museum	italienisch für Akademie; Name des bedeutendsten Kunstmuseums von Venedig
	Canal Grande	→ Stadtplan: 5; großer Kanal, der Hauptkanal Venedigs
7	*Markusplatz*	→ Stadtplan: 6; die Piazza San Marco ist der größte und schönste Platz Venedigs. Als einziger heißt er *piazza* statt *campo*.

12	*Sacca della Misericordia*	→ Stadtplan: 7; *sacca* = große Bucht innerhalb der Stadt
13	*buon giorno*	italienisch für guten Morgen, guten Tag!
16	*Campo Santa Margherita*	→ Stadtplan: 8; alle Plätze in Venedig heißen *campo*
	San Polo	→ Stadtplan: 9
17	*Fondamenta Bollani*	→ Stadtplan: 10; *fondamenta* = befestigtes Ufer eines Kanals
	dottore	italienisch für Doktor; wenn ein Name folgt, heißt es Dottor
19	*Calle del Paradiso*	→ Stadtplan: 11
27	*Barmherzige Schwestern*	eine Gemeinschaft katholischer Frauen, die Armen, Kranken oder Waisenkindern helfen; Schwestern, weil sie denselben Glauben haben
34	*Cagalibri Campo Morosini*	→ Stadtplan: 12
36	*Riva degli Schiavoni*	→ Stadtplan: 13
50	*Castello*	→ Stadtplan: 14; eigentlich Burg, Schloss; hier: Stadtteil von Venedig
52	*Tizian*	Vertreter venezianischer Malerei im 16. Jahrhundert

Stadtplan von Venedig

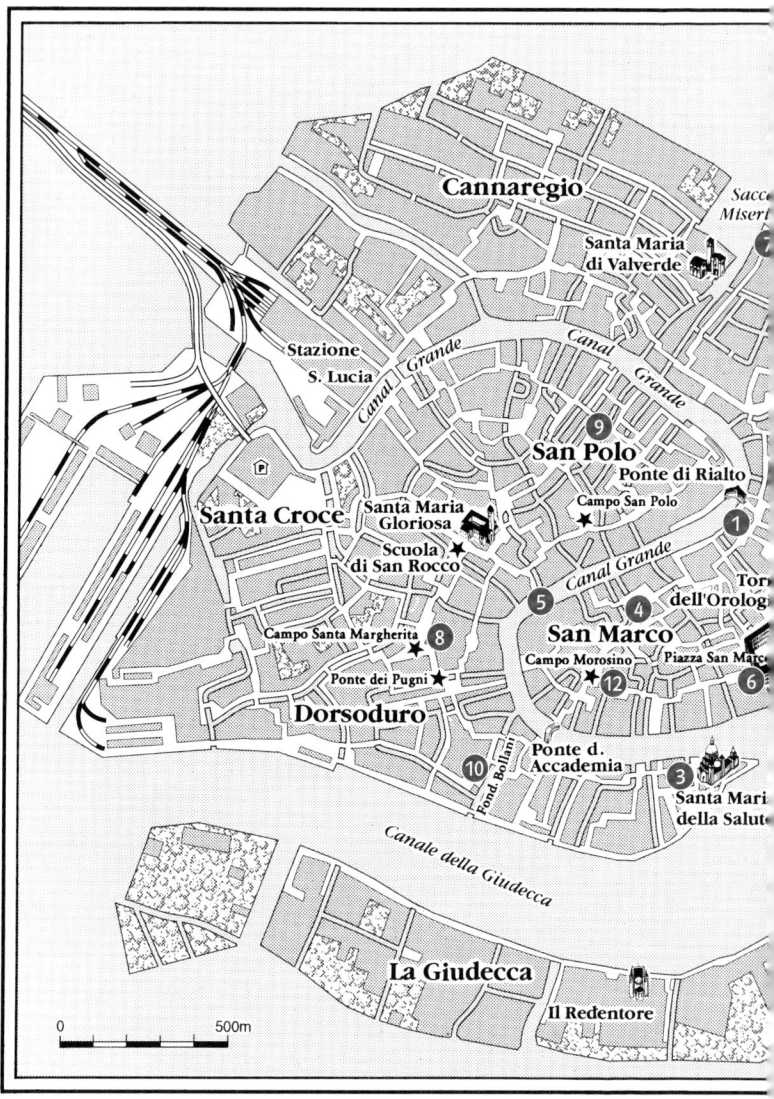

1 Rialtobrücke – Ponte di Rialto, **2** Dogenpalast – Palazzo Ducale, **3** Salute Kirche – Santa Maria della Salute **4** Basilica San Marco, **5** Canal Grande, **6** Markusplatz – Piazza San Marco,

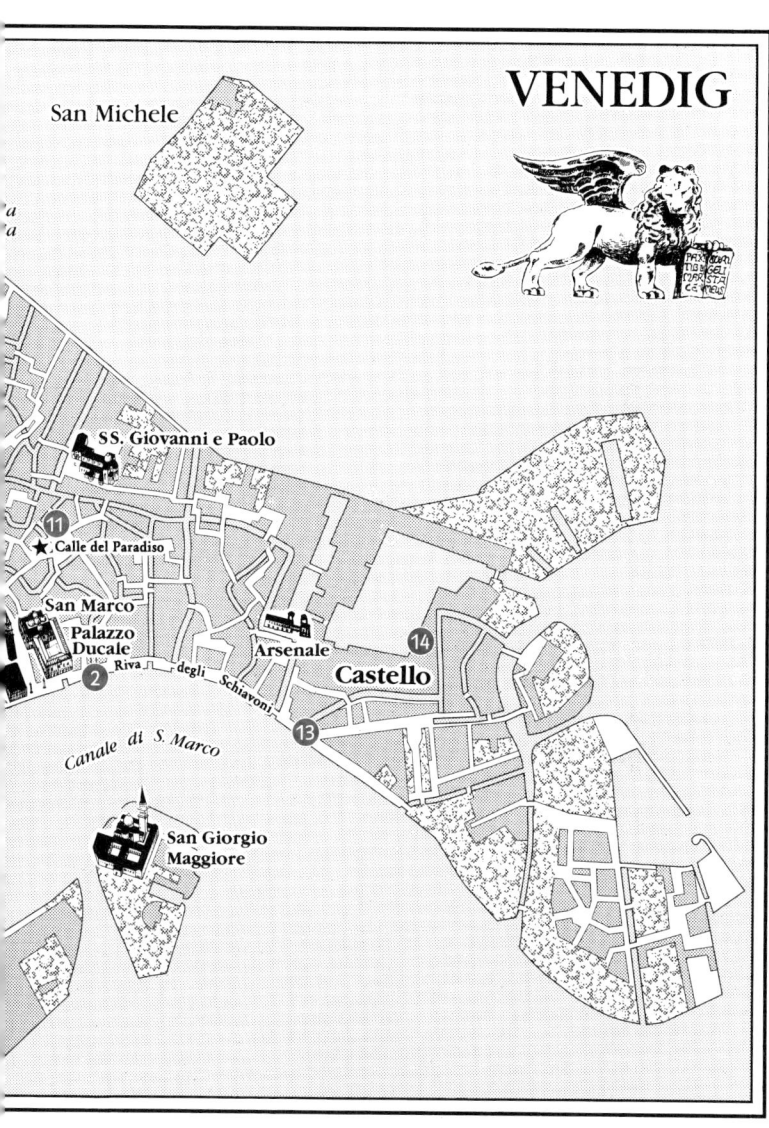

VENEDIG

San Michele

SS. Giovanni e Paolo

⑪ ★ Calle del Paradiso

San Marco
Palazzo
Ducale
Riva — degli Schiavoni
②
Arsenale
⑭
Castello

⑬

Canale di S. Marco

San Giorgio
Maggiore

7 Sacca della Misericordia, **8** Campo Santa Margherita, **9** San Polo, **10** Fondamente Bollani,
11 Calle del Paradiso, **12** Campo Morsini (mit dem Cagalibri), **13** Riva degli Schiavoni **14** Castello

113

Übungen zum Leseverstehen

● Kapitel 1: Kunden für Victor
Was stimmt (✔), was stimmt nicht (✗)? Kreuze an.

		✔	✗
1	Victor Getz ist Detektiv und wohnt in Venedig.	○	○
2	Victor soll Bo und Prosper für das Ehepaar Hartlieb in Venedig suchen.	○	○
3	Esther ist die Schwester von Bo und Prosper.	○	○
4	Victor hat eine Schildkröte.	○	○
5	Prosper ist zwölf Jahre alt und Bos älterer Bruder.	○	○
6	Die Mutter von Bo und Prosper lebt nicht mehr und hatte ihnen immer viel über Venedig erzählt.	○	○
7	Die Hartliebs haben für Bo und Prosper das Sorgerecht beantragt.	○	○

● Kapitel 2, 3, 4: Drei Kinder, Das Sternenversteck, Der Herr der Diebe
Was passt zu wem? Ordne die Nennungen aus der Box den Personen zu. Mehrfachnennungen sind möglich.

1 Bo: _____ 2 Prosper: _____ 3 Wespe: _____

4 Riccio: _____ 5 Mosca: _____ 6 Scipio: _____

> **A** hat ein Radio * **B** sammelt Fächer * **C** trägt einen Zopf *
> **D** sieht aus wie ein Engel * **E** hat eine dunkle Hautfarbe *
> **F** nennt sich Herr der Diebe * **G** der Name bedeutet Igel *
> **H** wohnt im Sternenversteck * **I** trägt eine schwarze Maske *
> **J** hat keinen Spaß am Stehlen * **K** hat viele Bücher * **L** hat Kerzen
> gestohlen * **M** hat ein Boot und Angeln * **N** trägt eine lange
> schwarze Jacke und hochhackige Stiefel * **O** kann gut handeln *
> **P** hat viele Comichefte und Stofftiere * **Q** ist das einzige Mädchen

Kapitel 5: Barbarossa
Was passt? Ergänze die Wörter aus der Box im Text.

> unbedingt * Zuckerzange * schlau * Laden * legte * dicke *
> anbieten * Auftrag * zufrieden * Geld * besorgen

In Barbarossas (1) _____ konnte jeder etwas

finden. Und der (2) _____ Barbarossa konnte

auch alles (3) _____. Prosper und Riccio

wollten ihm Scipios Beute (4) _____. Barba-

rossa war mit der Beute (5) _____. Ihm gefiel beson-

ders die (6) _____. Prosper verlangte mehr

(7) _____, als Barbarossa geben wollte. Aber als

Prosper wieder alles in die Tasche (8) _____ , bekam

Prosper fast so viel Geld, wie er wollte. Barbarossa fand, dass

Prosper sehr (9) _____ ist. Barbarossa hatte danach

noch einen (10) _____ für Scipio. Er sollte etwas

besorgen, was ein Kunde (11) _____ besitzen wollte.

Kapitel 6: Ein böser Zufall
Verbinde die passenden Satzteile.

1 Als Prosper mit einem
   Mann zusammenstieß,

2 In einer engen Gasse zeigte
   Prosper Riccio den Mann,

3 Die Jungen liefen zu einer
   Vaporetto-Haltestelle

4 Riccio wusste,

5 Prosper erzählte Riccio von
   seiner Tante,

A die wahrscheinlich nach ihm
   und Bo suchen ließ.

B und ließen sich von den
   Leuten auf ein Boot schieben.

C dass der Mann ein Detektiv
   war.

D der ihn verfolgte.

E starrte er ihn an, als wäre er
   ein Gespenst.

Kapitel 7: Pech für Victor

Was macht Victor? Kreuze an.

☐ 1 Victor füttert seine Schildkröten.

☐ 2 Victor badet.

☐ 3 Victor denkt die ganz Zeit an die Kinder.

☐ 4 Victor denkt, er wird die Kinder auf dem Markusplatz finden.

Kapitel 8: Scipios Antwort

Den Auftrag annehmen oder nicht – wer sagt was? Verbinde.

1 Scipio   A ist dagegen den Auftrag anzunehmen, auch weil sie jetzt genug Geld haben.

2 Prosper   B möchte, wie sein Freund, auch mal ein vornehmes Haus von innen sehen.

3 Wespe   C erzählt Scipio von dem Auftrag und möchte gern selbst mitmachen.

4 Riccio   D überlegt zuerst, will aber dann den Auftrag annehmen.

5 Mosca   E hat das Gefühl, dass der Auftrag Ärger und Gefahr bedeuten würde.

Kapitel 9: Nachts ist man klein

In jedem Satz ist ein Fehler. Streiche die falschen Wörter und schreibe die richtigen hinter den Satz.

1 Prosper geht nachts raus und setzt sich auf eine Treppe am Meer.   _____

2 Bo hat erzählt, dass Wassermänner und Löwen die Treppe gebaut haben.   _____

3 Prosper erzählt Wespe, dass ein Polizist ihn und Riccio verfolgt hat.   _____

4 Prosper bittet Wespe, Bo alles über den Detektiv zu erzählen.   _____

Kapitel 10: Die Nachricht

Was erfährt Riccio über den Kunden? Trage die passenden Sätze ein.

> Er liebt Geheimnisse. * Er hat ein Telefon. * Bei Geschäften gibt es mit ihm Probleme. * Er ist ein Conte, also ein Graf. * Er möchte, dass der Herr der Diebe persönlich kommt. * Vermutlich ist er ein Mitglied der Familie Vallaresso.

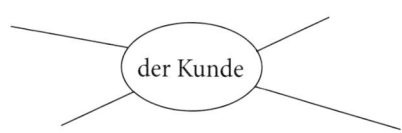

der Kunde

Kapitel 11, 12, 13: Victor wartet, Treffen im Beichtstuhl, Ausgehorcht

Ordne die Zwischenüberschriften dem passenden Text zu.

A Tourist Victor trinkt Espresso

E Bo füttert Tauben

B Victor füttert Tauben

C Treffen am Löwenbrunnen

D Scipio, Prosper und Mosca gehen in die Basilika

F Bo, Wespe und Riccio müssen warten

G Bo erzählt vom Kino und den Freunden

M Sechs Kinder kommen auf den Platz

L Briefumschlag und Korb mit Taube

J Bos Freunde kommen zurück

K Fotos zum Abschied

I Viel Geld für einen Gegenstand

H Im Beichtstuhl mit dem Conte

Kapitel 11 ◯ ◯   Kapitel 12 ◯ ◯ ◯ ◯ ◯

Kapitel 13 ◯ ◯ ◯ ◯

Kapitel 14, 15: Eine böse Ahnung, Prügel für Victor
Wie gehen die Sätze weiter?

1	Prosper hat Victor erkannt, weil er	**a**	die Schultern so seltsam bewegt.
		b	einen Bart hat.
2	Bo sagt, dass	**a**	der Taubenmann Amerikaner ist.
		b	der Taubenmann Victor heißt.
3	Scipio zieht Bo und Prosper	**a**	in eine Bäckerei.
		b	in einen Souvenirladen.
4	Scipio bewundert	**a**	Victors Uhr.
		b	Victors Fotoapparat.
5	Riccio stellt sich vor	**a**	eine Pasticceria.
		b	ein Uhrengeschäft
6	Wespe schlägt Victor mit	**a**	ihrer Handtasche.
		b	ihren Fäusten.
7	Victor versucht das Mädchen	**a**	wegzuschieben.
		b	zu schlagen.

Kapitel 16: Der Umschlag des Conte
Was stimmt (✔), was stimmt nicht (✗)? Kreuze an.

		✔	✗
1	Scipio soll einen Flügel aus Holz stehlen.	◯	◯
2	Der Flügel befindet sich in einem Museum.	◯	◯
3	Alle wollen mitmachen, wenn sie den Flügel stehlen.	◯	◯
4	Wespe hat Victors Portemonnaie gestohlen.	◯	◯
5	Victor wohnt in einem Hotel.	◯	◯
6	Die Taube ist eine Brieftaube und heißt Sofia.	◯	◯

Kapitel 17: Die Spur
Verbinde die passenden Satzteile.

1 Victor erinnerte sich daran,

2 Die Kartenverkäuferin des Fantasia nannte Victor

3 Victor sagte, er möchte das Kino besuchen,

4 Als Victor in Dottor Massimos Büro stand,

5 Victor erkannte sofort den Jungen,

6 Als Victor mit Scipio reden wollte,

A kam Dottor Massimos Sohn herein und störte die beiden Männer.

B weil er einen Artikel über die Kinos der Stadt schreiben will.

C dass Bo von einem Kino erzählt hatte, in dem sie wohnen.

D der ihn nach der Uhrzeit gefragt und Bo und Prosper geholfen hatte.

E zog der Junge so fest am Teppich, dass Victor hinfiel.

F Telefonnummer und Name des Kinobesitzers.

Kapitel 18, 19, 20: Alarm, In der Falle, Nächtlicher Besuch
Sortiere die Sätze in der richtigen Reihenfolge und ordne sie den Kapiteln zu.

A Scipio sagt, dass alle verschwinden müssen, weil der Detektiv das Versteck kennt.

B Prosper erzählt Victor, dass Scipio für alle sorgt.

C Mosca fasst zusammen, was sie über die Casa Spavento wissen.

D Fünf Kinder werfen Victor zu Boden und fesseln ihn.

E Prosper kümmert sich um Victors Schildkröte.

F Die Kinder packen ihre Sachen, bis Wespe einen Vorschlag macht.

G Victor bricht ins Kino ein und sucht einen Weg zum Kinosaal.

H Bo will Victor vom Auftrag des Conte erzählen.

I Als Victor Bo über Scipio ausfragt, verlässt Prosper mit Bo das Klo.

Kapitel 18 ◯ ◯ ◯   Kapitel 19 ◯ ◯   Kapitel 20 ◯ ◯ ◯ ◯

● Kapitel 21: Ratlos
Wer macht welchen Vorschlag? Verbinde.

1 Prosper   A von dem Geld des Conte eine Insel kaufen

2 Riccio   B Scip besorgt ein neues Versteck

3 Wespe   C Victor in den Kanal werfen

4 Mosca   D Prosper und Bo verschwinden, die anderen bleiben

● Kapitel 22: Die Casa Spavento
Wo passt welches Adjektiv?

leichtsinnig * besorgt * sympathisch * dunkel * riesig

Die Gasse, die zum Garten der Casa Spavento führte, war (1)

_____. Das Eis, das Riccio von der Haushälterin bekam,

war (2) _____. Weil Signora Spavento keinen Riegel an

der Tür hatte, fand Riccio sie (3) _____. Scipio kam

nicht zum Platz. Deshalb waren die drei Kinder (4) _____.

Wespe las, was Victor über Esther geschrieben hatte. Victor fand

sie nicht (5) _____.

● Kapitel 23: Wut und Streit
Alle Namen sind falsch. Ersetze sie durch die richtigen.

Weil Bo (1) hilft das Radio zu reparieren, hat Scipio (2) seine
Fesseln entfernt. Mosca (3) ist wütend, weil Prosper (4) an seinem
Ehrenwort zweifelt. Prosper (5) erzählt, dass Bo und Wespe (6)
im Waisenhaus aufgewachsen sind. Die Kinder haben Victor (7)
kennengelernt, weil Scipio (8) ihm etwas gestohlen hat. Bo (9)
sorgt seitdem für alle Kinder. Scipio (10) sagt, dass Prosper (11)
ein aufgeblasener Affe ist, weil er die Kinder belügt.

1 _____ 2 _____ 3 _____ 4 _____

5 _____ 6 _____ 7 _____ 8 _____

9 _____ 10 _____ 11 _____

Kapitel 24: Der junge Herr Massimo

Alles über Scipio. Ergänze mit den passenden Silben.

> Nach – mo – last – fe – ge – hil – chen – Pa – tern – si – Mas –
> ter – un – El – bro – ein – richt

1 Er wohnt in einem _____ in der Fondamenta
  Bollani 233.

2 Sein Nachname ist _____.

3 Er ist kein Waisenkind, denn er hat _____.

4 Er braucht Hilfe in der Schule und hat _____.

5 Scipio ist nie irgendwo _____, um Dinge zu stehlen.

Kapitel 25: Ein Ehrenwort

Was macht Victor, bevor er flieht? Kreuze an.

☐ 1 Er öffnet das Schloss mit einem Draht aus seinem Absatz.

☐ 2 Er sucht seine Pistole und seinen Detektivausweis.

☐ 3 Er schreibt den Kindern eine Nachricht auf einen Zettel.

☐ 4 Er verspricht den Kindern, dass die Hartliebs nichts von
   ihm erfahren.

☐ 5 Wenn er etwas über den Einbruch hört, wird er die Kinder
   verraten.

Kapitel 26: Der Einbruch

Sortiere die Stichpunkte in der richtigen Reihenfolge.

> **A** Scipio bedroht Ida * **B** Bo ist weg * **C** Streit mit Scipio *
> **D** Ida bietet an, die Geschichte des Flügels zu erzählen * **E** Ida
> steht mit einem Gewehr in der Tür * **F** alle fünf brechen bei
> Ida ein * **G** Scipio gibt den Flügel zurück * **H** Scipio kommt
> aus dem *salotto* * **I** Die Kinder erzählen Ida vom Auftrag *
> **J** Prosper findet Bo * **K** Die Kinder teilen sich auf bei der Suche
> * **L** Ida nimmt Scipio das Gewehr weg

Kapitel 27: Eine alte Geschichte
Verbinde die passenden Satzteile.

1 Vor mehr als einhundertfünfzig Jahren gab es einen
Kaufmann,

2 Er ließ im Hof des Waisenhauses ein Karussell
aufbauen,

3 Bald schon erzählte man
sich,

4 Wenn man ein paar
Runden mit dem Karussell
fuhr,

5 Das Karussell wurde
gestohlen,

6 Aber die Diebe hatten einen
Flügel verloren,

7 Ida fand den Flügel auf dem
Dachboden des Waisen-
hauses,

A dass durch dieses Karussell
seltsame Dinge geschehen.

B wurden Erwachsene zu
Kindern und Kinder zu
Erwachsenen.

C als die Schwestern mit den
Kindern einen Ausflug
machten.

D der dem Waisenhaus der
Barmherzigen Schwestern ein
Geschenk machte.

E der dem Löwen gehörte.

F als sie dort spielte.

G auf dem fünf Figuren standen:
Einhorn, Seepferd, Wassermann, Meerjungfrau und ein
geflügelter Löwe.

Kapitel 28: Scipio, der Lügner
Was stimmt (✔), was stimmt nicht (✘)? Kreuze an.

✔ ✘

1 Bo lässt die Taube Sofia am Abend fliegen. ◯ ◯

2 Scipio ist wütend, weil er das Kino verlassen soll,
obwohl er den Kindern das Versteck gezeigt hat. ◯ ◯

3 Scipio hat seinen Eltern die Zuckerzange gestohlen. ◯ ◯

4 Die Eltern haben Scipios Kindermädchen verdächtigt. ◯ ◯

5 Scipio hat dem Kindermädchen geholfen. ◯ ◯

6 Das Mädchen musste ins Gefängnis. ◯ ◯

Kapitel 29: Noch ein Besuch

In jedem Satz ist ein Fehler. Streiche die falschen Wörter und schreibe die richtigen hinter den Satz.

1 Barbarossa gibt Prosper, Wespe und Bo einen dicken Umschlag. _____

2 Die Frau des Conte hatte den Brief abgegeben. _____

3 Bei einem Ratespiel will Barbarossa wissen, ob das, was gestohlen wurde, aus Holz ist. _____

4 Als die Kinder aus dem Laden kommen, regnet es. _____

5 Die Kinder öffnen den Brief auf der Straße. _____

6 Auf der Karte steht, dass das Treffen um Mitternacht ist. _____

Kapitel 30, 31: Armer kranker Victor, Vergebliche Lügen

Was passt? Ergänze die Wörter aus der Box im Text.

> erleichtert * Termin * verlassen * Gefühl * klingeln * hoch *
> Zeitungen * aufhängen * Wahrheit

Victor war krank und ließ das Telefon (1) _____. Er

las viele (2) _____ und suchte nach Einbruchsmel-

dungen. Er war (3) _____, dass er nichts fand. Victor

hatte einen (4) _____ bei den Hartliebs. Aber er wollte

ihnen auf keinen Fall die (5) _____ über Prosper und

Bo verraten. Er log und sagte: »Prosper und Bo haben die Stadt

(6) _____.« Aber Esther hatte das (7) _____,

dass die beiden noch in Venedig waren. Außerdem wollte sie

Fotos von den Kindern in der Stadt (8) _____. Und die

Belohnung war (9) _____.

Kapitel 32, 33: Ohne Bo, Die Insel

Wer sagt oder macht was? (2 Nennungen pro Person)

Scipio: ◯ ◯   Prosper: ◯ ◯   Mosca: ◯ ◯   Riccio: ◯ ◯

Ida: ◯ ◯   der Conte: ◯ ◯   die Frau: ◯ ◯

A hält den Flügel fest, bis sie das Boot des Conte erreichen.

B schießt auf die Besucher der Isola Segreta.

C steht hinten in seinem Segelboot.

D will das Geschäft schnell erledigen, weil es kalt ist.

E hält einen Geldschein vor seine Taschenlampe.

F weint, als die Frau schießt.

G sagt Ida, wo sie mit dem Boot warten soll.

H reicht dem Herrn der Diebe die Tasche mit Geld.

I muss vom Motorboot aufs Ruderboot wechseln.

J verliert das Fernglas.

K kennt den Namen der Insel: die Geheime Insel, die Isola Secreta.

L sagt, dass Scipio ein anderes Ziel hat als die anderen.

M fängt das Seil, das die Frau ihm zuwirft.

N zählt die Geldscheine.

Kapitel 34: Nur ein Zettel

Was stimmt?

1 Was hat Wespe auf den Zettel geschrieben?

a Jemand ist vor der Tür.   **b** Victor hat sein Ehrenwort nicht gehalten.   **c** Kommt zum Treffpunkt.

2 Was nehmen die drei Jungen mit?

a Victors Pistole   **b** das Geld   **c** alle persönlichen Dinge

3 Wer glaubt gar nicht an Victors Ehrenwort?

a Prosper   **b** Riccio   **c** Mosca

Kapitel 35: Vater und Sohn

Wer sagt was zu wem? Ordne die Dialogteile den Sprechern zu. Beachte die Dativ-Deklination.

> Scipio * Dottor Massimo * Wespe * die Polizisten * der Polizist

	sagt ...	zu ...
1 »Sie sehen, es hat sich erledigt.«	_____	_____
2 »Kennst du den Jungen?«	_____	_____
3 »Wo wollen Sie mit ihr hin?«	_____	_____
4 »Oh, möchtest du sie beschützen?«	_____	_____
5 »Bo ist bei seiner Tante.«	_____	_____
6 »Geh ins Bett!«	_____	_____
7 »Du hörst mir nie zu!«	_____	_____

Kapitel 36: Besuch für Victor

Sortiere die Stichwörter in der richtigen Reihenfolge.

H Victor hat sein Ehrenwort gehalten

E Falschgeld

I Prosper bedroht Victor mit seiner Pistole

A Victor erzählt von Esthers Plakaten

F Die Jungen erzählen die Geschichte vom Diebstahl und der Insel

C Vor Victors Tür

D Prosper geht allein zum Hotel Sandwirth

B Nachricht auf dem Anrufbeantworter

G Riccio will alle Sachen zu Ida bringen

J Wespes richtiger Name

○ ○ ○ ○ ○ ○ ○ ○ ○

Kapitel 37: Zuflucht
Verbinde die passenden Satzteile.

1 Als Idas Haushälterin die Tür öffnet,

2 Riccio, Mosca und Victor erzählen Ida,

3 Victor hat inzwischen herausgefunden,

4 Unter dem Dach in Idas Haus ist ein leeres Zimmer,

5 Bo können sie nicht zurückholen,

6 Riccio soll Prosper suchen und ihn überreden,

7 Wenn Mosca Scipio anruft,

8 Victor glaubt zuerst nicht,

A dass Ida Wespe aus dem Waisenhaus holen kann.

B mit ihm zu Ida zu gehen.

C denn Esther hat das Sorgerecht für ihn.

D dass Wespe im Waisenhaus der Barmherzigen Schwestern ist.

E stehen Riccio, Victor und Mosca mit Kartons vor der Tür.

F was alles seit ihrer gemeinsamen Bootsfahrt passiert ist.

G in dem die Kinder bleiben können.

H soll er ihm auch vom Falschgeld erzählen.

Kapitel 38: Das Waisenhaus
Was stimmt (✔), was stimmt nicht (✘)? Kreuze an.

✔ ✘

1 Wespe heißt mit richtigem Namen Caterina. ◯ ◯

2 Wespe hat den Nonnen nicht ihren Namen verraten. ◯ ◯

3 Ida ist Wespes Tante. ◯ ◯

4 Victor ist Idas Anwalt. ◯ ◯

5 Als Wespe Ida sieht, umarmt sie sie. ◯ ◯

6 Die Nonne glaubt Idas Lügen über Wespes Familie. ◯ ◯

Kapitel 39: Prosper

In jedem Satz ist ein Fehler. Streiche die falschen Wörter und schreibe die richtigen hinter den Satz.

1 Prosper ist seiner Tante, seinem Onkel und Bo den ganzen Vormittag hinterhergelaufen. _____

2 Bo bekam neue Kleidung, durfte zum Friseur und sie waren in vielen Cafés. _____

3 Als Prosper nicht mitgehen will, fragt Riccio, was die im Restaurant wohl machen, wenn er die ganze Nacht vor der Tür steht. _____

4 Erst als Riccio sagt, dass Wespe Angst hat, dass Prosper in den See springt, kommt er mit. _____

Kapitel 40: Alles verloren

Ergänze die Sätze mit den passenden Silben.

> Ka – li – er – Pra – ge – sel – lich – nen – ver – te – fröh – Ess – mer – ten – nal – In – steck – bra –zim

1 Lucia hatte für das Fest gekocht, _____ und gebacken.

2 Wespe und Prosper deckten den Tisch im _____.

3 Victor aß _____ und trank caffè.

4 Prosper war nicht _____ und legte sich bald hin.

5 Als alle schliefen, ging er zum _____.

6 Er saß in Idas Boot und _____ sich, als er ein Boot hörte.

7 Scipio überredete Prosper, mit auf die _____ zu kommen.

Kapitel 41: Die Isola Segreta

Was sehen Scipio und Prosper auf der Insel? Trage die passenden Nennungen ein.

eine Mauer rund um die Insel * einen schönen Palast *
mehrere Wege * eine Öffnung in der Mauer * ein weißes Pferd *
eine Treppe * zwei Doggen * Dottor Massimo * ein Mädchen *
einen Pferdestall * ein Karussell * viele Steinfiguren *

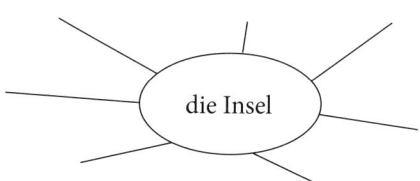

die Insel

Kapitel 42, 43: Ein Anruf in der Nacht, In Sicherheit

Wer macht oder sagt was?

Victor * Esther * Ida * Bo * Prosper

1 Mitten in der Nacht ruft _____ _____ an, weil

_____ weggelaufen ist.

2 _____ möchte, dass _____ _____ und _____ in ein

Waisenhaus bringt, wenn man sie findet.

3 _____ sucht _____ im verlassenen Kino.

4 Als _____ mit dem schlafenden Kind bei _____

klingelt, stehen alle an der Tür.

5 Nur _____ fehlt. Er ist weg und alle haben ihn gesucht.

6 _____ ist wütend auf _____, weil sie denkt,

dass sie Kinder wegwerfen kann wie ein Paar Schuhe.

Kapitel 44, 45: Der Conte, Das Karussell
Sortiere die Sätze in der richtigen Reihenfolge und ordne sie den Kapiteln zu.

A Renzo führt Prosper und Scipio durch ein Labyrinth, bis sie dahinter das Karussell sehen.

B Prosper und Scipio werden wach, als das Mädchen kommt, um sie zum Conte zu bringen.

C Barbarossa, der den Doggen giftiges Fleisch gegeben hat, zwingt Morosina das Geheimnis zu zeigen.

D Scipio steigt auf das Seepferd, nachdem er die Kleidung des Conte angezogen hat.

E Der Conte ist jetzt ein Kind. Er erzählt, dass er kein Conte ist, Renzo heißt und schon als Kind für den Conte arbeiten musste.

F Scipio fährt auf dem Karussell. Als er abspringt, ist er ein erwachsener Mann, der seinem Vater ähnlich sieht.

G Barbarossa fährt mit dem Karussell, springt aber nicht ab. Er macht das Karussell kaputt und ist jetzt ein kleiner Junge.

H Renzo erklärt, dass für die Jungen eine Wasserfigur richtig ist, denn auf dem Löwen wird man jünger.

I Renzo kann den Jungen kein Geld geben. Aber er erlaubt ihnen auf dem Karussell zu fahren.

J Barbarossa denkt, dass Scipio Dottor Massimo ist. Er kennt die Geschichte vom Karussell der Barmherzigen Schwestern.

Kapitel 44 ◯ ◯ ◯ Kapitel 45 ◯ ◯ ◯ ◯ ◯ ◯ ◯

● Kapitel 46, 47: Ein paar Runden zu viel, Barbarossas Strafe

Was stimmt (✔), was stimmt nicht (✘)? Kreuze an.

	✔	✘
1 Renzo schlägt Barbarossa, weil er das Karussell zerstört hat.	◯	◯
2 Barbarossa ist jetzt ein ungefähr 12 Jahre alter Junge.	◯	◯
3 Sie werden einen neuen Flügel machen lassen, und dann wird das Karussell wieder funktionieren.	◯	◯
4 Barbarossa verspricht Prosper und Scipio Geld und sein Boot, wenn sie ihn laufen lassen.	◯	◯
5 Die Hunde sind vom giftigen Fleisch so krank, dass sie nicht mehr stehen können.	◯	◯
6 Zur Strafe muss Barbarossa Renzo sein Geld aus seinem Geldschrank geben.	◯	◯
7 Renzo ist zufrieden mit dem Geld, das Barbarossa ihm gibt.	◯	◯
8 Dottor Massimos Boot wurde gefunden, sein Sohn nicht.	◯	◯

● Kapitel 48: Fremde Gäste

Verbinde die passenden Satzteile.

1 Als Ida, Wespe und Victor mit Bo nach Hause kommen,

    A aber Prosper nimmt sie ihm weg.

2 Victor wundert sich darüber,

    B was auf der Insel passiert ist.

3 Der kleine Barbarossa greift zur Weinflasche,

    C dass einer am Tisch aussieht wie der junge Herr Massimo.

4 Prosper erfährt von Victor,

    D dass Esther Bo nie wieder zurück haben will.

5 Scipio, Prosper und Barbarossa dürfen niemandem erzählen,

    E hörten sie Stimmen in der Küche.

Kapitel 49: Eine verrückte Idee
Barbarossa – wer sagt was über ihn oder zu ihm?

Scipio: Lucia: Ida: Bo: Prosper:

1 »Wie der redet, würde Esther gefallen.«
2 »Er darf sich nicht mehr allein in meinem Haus bewegen.«
3 »Der stiehlt nicht nur Pralinen.«
4 »Diese Tante wünscht sich einen süßen kleinen Jungen. Und du brauchst ein Zuhause für die nächsten Jahre.«
5 »Neben dem will ich nicht sitzen.«
6 »Esther wäre begeistert, wie ordentlich er sich gekämmt hat.«

Kapitel 50: Was nun?
Wer sagt, dass er oder sie gern bei Ida bleiben möchte?

☐ Scipio   ☐ Bo   ☐ Prosper   ☐ Riccio
☐ Mosca   ☐ Wespe   ☐ Barbarossa   ☐ Victor

Kapitel 51: Der Köder
Was passt? Ergänze die Wörter aus der Box im Text.

> Neffen * kümmern * König * vorbeikommen * bestem * Karte *
> nötigen * Teppich * einwerfen * informiert

Ida schreibt eine (1) _____ an Dottor Massimo,

die Victor (2) _____ soll. Danach setzen sich alle

Kinder auf den (3) _____. Nur Barbarossa sitzt wie

ein (4) _____ in Idas (5) _____ Sessel.

Ida telefoniert mit Esther und (6) _____ sie, dass

ihre (7) _____ im Waisenhaus sind. Da Esther die

Jungen nicht mehr nehmen will, wird sich das Waisenhaus um sie

(8) _____, sagt Ida. Aber wegen der (9) _____

Formalitäten muss Esther dort (10) _____.

Kapitel 52: Esther

Sortiere die Stichwörter in der richtigen Reihenfolge.

F eine glückliche Esther bringt Barbarossa am Abend zurück

H Barbarossa möchte die Gemälde von Tizian sehen

B Gespräch über Formalitäten und Finanzen

E Barbarossa vergleicht Tizians Madonna mit Esther

G die Kinder sitzen im Café

C die erfundene Geschichte von Ernestos Eltern

D Esther möchte mit Ernesto einen Ausflug machen

I eine dicke Nonne öffnet Esther

J Esther gibt Ernesto ein Taschentuch

A der arme, weinende Ernesto

○ ○ ○ ○ ○ ○ ○ ○ ○ ○

Kapitel 53: Alles findet sich, oder?

In jedem Satz ist ein Fehler. Streiche die falschen Wörter und schreibe die richtigen hinter den Satz.

1 Esther kauft Barbarossa die hässlichste Kleidung, die es in Venedig zu kaufen gibt. _____

2 Barbarossa bittet darum, dass jemand nach seinem Laden schaut und einen Käufer sucht. _____

3 Esther und Barbarossa verlassen schon am nächsten Tag mit dem Boot das Land. _____

4 Riccio und Mosca wollen auch Idas Haus verlassen und in ein Kaufhaus ziehen. _____

5 Ida ist wütend, dass Wespe, Bo und Prosper bei ihr bleiben wollen. _____

6 Victor erklärt Scipio, dass der Beruf Detektiv meistens aufregend ist. _____

Kapitel 54: Und dann ...

Wie endet die Geschichte? Ordne die Namen richtig zu.

1 Scipio

2 Prosper und Scipio

3 Wespe, Prosper, Bo und Ida

4 Riccio

5 Mosca

6 Barbarossa

A arbeitet bei einem Fischer.

B geht auf ein Internat, wo er schlimme Dinge tut und sich Herr der Diebe nennt.

C scheint wieder zu stehlen.

D fahren noch einmal zur geheimen Insel. Dort ist niemand, auch kein Karussell.

E steht mit dem Namen Fortunato gemeinsam auf Victors Detektivschild.

F bekommen mindestens zweimal in der Woche Besuch von Scipio und Victor.

Lösungen

Kapitel 1: stimmt: 1, 2, 5, 6; stimmt nicht: 3, 4, 7

Kapitel 2, 3, 4: 1 B D H; 2 H J O; 3 C H K Q; 4 G H L P; 5 A E H M; 6 C F I N

Kapitel 5: 1 Laden, 2 dicke, 3 besorgen, 4 anbieten, 5 zufrieden, 6 Zuckerzange, 7 Geld, 8 legte, 9 schlau, 10 Auftrag, 11 unbedingt

Kapitel 6: 1E, 2D, 3B, 4C, 5A

Kapitel 7: stimmt: 1, 3, 4

Kapitel 8: 1D, 2E, 3A, 4C, 5B

Kapitel 9: 1 ~~Meer~~, Kanal; 2 ~~Löwen~~, Seejungfrauen; 3 ~~Polizist~~, Detektiv; 4 ~~alles~~, nichts

Kapitel 10:. Er liebt Geheimnisse. Er ist ein Conte, also ein Graf. Er möchte den Herrn der Diebe persönlich treffen. Vermutlich ist sein Familienname Vallaresso.

Kapitel 11, 12, 13: Kapitel **11**: AM, Kapitel **12**: CDFHIL, Kapitel **13**: BEGJK

Kapitel 14, 15: 1a, 2b, 3b, 4a, 5a, 6b, 7a

Kapitel 16: stimmt: 1, 4, 6; stimmt nicht: 2, 3, 5

Kapitel 17: 1C, 2F, 3B, 4A, 5D, 6E

Kapitel 18, 19, 20: Kapitel **18**: C A F, Kapitel **19**: G D, Kapitel **20**: E B H I

Kapitel 21: 1D, 2C, 3A, 4A, B

Kapitel 22: 1 dunkel, 2 riesig, 3 leichtsinnig, 4 besorgt, 5 sympathisch

Kapitel 23: 1 Victor, 2 Mosca, 3 Victor, 4 Riccio, 5 Mosca, 6 Scipio und Riccio, 7 Scipio, 8 Riccio, 9 Scipio, 10 Victor, 11 Scipio

Kapitel 24: 1 Palast, 2 Massimo, 3 Eltern, 4 Nachhilfeunterricht, 5 eingebrochen

Kapitel 25: stimmt: 1, 4, 5

Kapitel 26: B J F H C K E I A L G D

Kapitel 27: 1D, 2G, 3A, 4B, 5C, 6E, 7F

Kapitel 28: stimmt: 2, 3, 4; stimmt nicht: 1, 5, 6

Kapitel 29: 1 ~~dicken~~, schmalen; 2 ~~Frau~~, Schwester; 3 ~~Holz~~, Gold; 4 ~~regnet~~, schneit; 5 ~~Straße~~, Brücke; 6 ~~Mitternacht~~, ein Uhr

Kapitel 30, 31: 1 klingeln, 2 Zeitungen, 3 erleichtert, 4 Termin, 5 Wahrheit, 6 verlassen, 7 Gefühl, 8 aufhängen, 9 hoch

Kapitel 32, 33: Scipio: E I, Prosper: A M, Mosca: G N, Riccio: F L, Ida: J K, der Conte: C D, die Frau: B H

Kapitel 34: 1 a c, 2 a b, 3 b

Kapitel 35: 1 Dottor Massimo zu den Polizisten, 2 der Polizist zu Wespe, 3 Scipio zu den Polizisten, 4 der Polizist zu Scipio, 5 Wespe zu Scipio, 6 Dottor Massimo zu Scipio, 7 Scipio zu Dottor Massimo

Kapitel 36: C I H F E B A J G D

Kapitel 37: 1E, 2F, 3D, 4G, 5C, 6B, 7H, 8A

Kapitel 38: stimmt: 1, 2, 6; stimmt nicht: 3, 4, 5

Kapitel 39: 1 ~~Vormittag~~, Tag; 2 ~~durfte~~, musste; 3 ~~Restaurant~~, Hotel; 4 ~~den See~~, die Lagune

Kapitel 40: 1 gebraten, 2 Esszimmer, 3 Pralinen, 4 fröhlich, 5 Kanal, 6 versteckte, 7 Insel

Kapitel 41: eine Mauer rund um die Insel, mehrere Wege, eine Treppe, zwei Doggen, ein Mädchen, einen Pferdestall, viele Steinfiguren

Kapitel 42, 43: 1 Esther, Victor, Bo; 2 Esther, Victor, Prosper und Bo; 3 Victor, Bo; 4 Victor, Ida, 5 Prosper, 6 Ida, Esther

Kapitel 44, 45: Kapitel **44**: B E I, Kapitel **45**: A H D F C J G

Kapitel 46, 47: stimmt: 1, 4, 6, 8; stimmt nicht: 2, 3, 5, 7

Kapitel 48: 1E, 2C, 3A, 4D, 5B

Kapitel 49: Scipio: 4, Lucia: 3, Ida: 2, Bo: 1 5, Prosper: 6

Kapitel 50: Bo, Wespe

Kapitel 51: 1 Karte, 2 einwerfen, 3 Teppich, 4 König, 5 bestem, 6 informiert, 7 Neffen, 8 kümmern, 9 nötigen, 10 vorbeikommen

Kapitel 52: G I B A J H E D C F

Kapitel 53: 1 ~~hässlichste~~, teuerste; 2 ~~einen Käufer~~, eine Verkäuferin; 3 ~~Boot~~, Flugzeug; 4 ~~Kaufhaus~~, Lagerhaus; 5 ~~wütend~~, erleichtert / froh; 6 ~~aufregend~~, langweilig

Kapitel 54: 1E, 2D, 3F, 4C, 5A, 6B